Niklaus Zemp

Zwischenhalt - authentisch leben lernen

Niklaus Zemp

Zwischenhalt - authentisch leben lernen

In 12 Schritten zu einem neuen Lebensgefühl

Trainerverlag

Impressum / Imprint
Bibliografische Information der Deutschen Nationalbibliothek: Die Deutsche Nationalbibliothek verzeichnet diese Publikation in der Deutschen Nationalbibliografie; detaillierte bibliografische Daten sind im Internet über http://dnb.d-nb.de abrufbar.

Bibliographic information published by the Deutsche Nationalbibliothek: The Deutsche Nationalbibliothek lists this publication in the Deutsche Nationalbibliografie; detailed bibliographic data are available in the Internet at http://dnb.d-nb.de.

Coverbild / Cover image: www.ingimage.com

Verlag / Publisher:
Der Trainerverlag
ist ein Imprint der / is a trademark of
AV Akademikerverlag GmbH & Co. KG
Heinrich-Böcking-Str. 6-8, 66121 Saarbrücken, Deutschland / Germany
Email: info@verlag-trainer.de

Herstellung: siehe letzte Seite /
Printed at: see last page
ISBN: 978-3-8417-5063-1

Inhalt

Gestern
habe ich wieder viele Menschen kennengelernt.
Heute
sehne ich mich nach einer Stunde, in der ich *mich*
besser kennenlernen kann.

Alexandra Sauer

Vorwort

Das vorliegende Buch ist für Menschen geschrieben, die in unserer von Hektik und Aktivismus geprägten Zeit nicht nur von allen möglichen Aufgaben und Verpflichtungen getrieben werden wollen, sondern die ihr Leben eigenverantwortlich gestalten möchten. Für Zeitgenossen also, die daran interessiert sind, einen Schritt zurückzutreten und sich Gedanken über die Art ihrer Lebensführung zu machen. Ihnen können die nachstehenden Impulse zu einem Zwischenhalt dienen, der zu Selbstreflexion und Neuorientierung führen kann.

Dabei geht es nicht um hoch trabende psychologische oder philosophische Theorien, sondern um grundlegende Einsichten in Lebensprozesse und Reaktionsweisen, durch die unser alltägliches Leben bestimmt wird. Hier werden dem Leser, der Leserin in unaufdringlicher Art Hinweise gegeben, wie man das eigene Leben inmitten der alltäglichen Herausforderungen so gestalten kann, dass es fruchtbar wird und offen mit der Realität umzugehen vermag.

Der Verfasser ist Theologe und Psychologe mit reicher pastoralpsychologischer Erfahrung in der Ausbildung von Krankenhausseelsorgerinnen und -seelsorgern, in Beratung, Coaching und Supervision. Man spürt es den folgenden Texten an, dass sie aus enger Tuchfühlung mit den Fragen und Sorgen von Menschen erwachsen sind, die nach neuen Impulsen der Lebensgestaltung gesucht haben. Gerade der Übergang zur zweiten Lebenshälfte ist eine Phase, in der solches Suchen hilfreich sein dürfte. Der Autor weiss aus der Praxis, wovon er spricht. Und er kann Anregungen vermitteln, die im Alltag umsetzbar sind, wenn man sich denn auf sie einlässt. Dabei geht es nicht um plumpe ‚Erfolgsrezepte', sondern um eine Sensibilisierung für wesentliche Aspekte unserer Lebensführung.

Die folgenden 12 Schritte atmen einen befreienden Geist, der Mut macht, sich dem Leben zu stellen und authentisch zu werden. Das geht in keinem Leben ohne die Bereitschaft, sich schwierigen Erfahrungen zu stellen. Und zwar so zu stellen, dass aus Belastungen neue Chancen werden, dass Ängste nicht verdrängt werden müssen, sondern auf neues Vertrauen hin überwunden werden können. Wer es wagt, sich auf solche Prozesse einzulassen, findet in den folgenden Kapiteln eine Fülle von hilfreichen Anregungen.

Ich wünsche dem vorliegenden Buch eine Leserschaft, die bereit ist, einen Zwischenhalt einzulegen, das eigene Leben selbstkritisch in den Blick zu nehmen, um es dann umso kreativer und selbstbewusster weiterleben zu können. Dass er uns dazu mit diesem Buch eine leicht verständliche und doch in die Tiefe gehende Hilfestellung anbietet, dafür gebührt dem Verfasser unser aufrichtiger Dank.

Dr. Heinz Rüegger MAE
Institut Neumünster, Zollikerberg

Der erste Impuls

Dieses Buch möchte Menschen, gleich welchen Alters, die ihre Lebenssituation und ihre Lebenshaltung überprüfen möchten, eine Hilfe sein mit dem Ziel, das eigene Leben eigenverantwortlich und selbstbewusst zu gestalten.

Der erste Impuls, mich mit diesem Thema zu befassen, kam von einer Anfrage für ein Referat mit dem Inhalt: Wie kann man sich positiv auf die zweite Lebenshälfte einstellen? Der Anlass dazu war die Feier zu einem 50. Geburtstag. Und ich war selber gerade 50 geworden. Dieser Anstoss hat Spuren hinterlassen, die seither vielen anderen und auch mir geholfen haben und helfen, zuversichtlich aufs Älterwerden zuzugehen. Dabei ist mir auch bewusst geworden, dass man sich die Grundlagen und Grundhaltungen, die uns in der zweiten Lebenshälfte Halt geben können, schon früher erarbeiten und pflegen sollte.

Dieses Buch ist das Resultat einer Reihe von Kursen unter dem Titel »10 Lebensregeln für Menschen ab 50«. Eine der häufigen Rückmeldungen beim Abschluss war: »Hätte ich doch diesen Kurs schon viel früher besucht.« Das hat mich schliesslich dazu veranlasst, die Referate dieses Kurses auszuweiten und durch diese Schrift weiteren Interessierten zugänglich zu machen. In den Beispielen und Überlegungen spiegeln sich auch viele Erfahrungen und Reflexionen der Kursteilnehmenden. Für ihre Beiträge kann ich ihnen nachträglich nur auf diesem Wege danke sagen.

Es ist also durchaus erlaubt, sich schon in jüngeren Jahren über seine Lebensweise und sein Lebenskonzept Gedanken zu machen. Wie wir später mit den Veränderungen und Herausforderungen des fortschreitenden Älterwerdens zurechtkommen, hängt sehr mit der Grundhaltung zusammen, die wir uns in früheren Jahren erarbeitet haben. Diese Grundhaltung hat einen grossen Einfluss auf unsere Lebensqualität, jetzt und später. Dafür etwas von unserer Zeit zu reservieren, lohnt sich.

Die einen Überlegungen werden eher Frauen, andere eher Männer ansprechen. Dem Anliegen, beiden in gleicher Weise sprachlich gerecht zu werden, ist allerdings schwierig.

So hoffe ich, dass diese 12 Schritte viele Leserinnen und Leser zu einer Standortbestimmung anregen und ihnen zu grösserer Zufriedenheit im Leben verhelfen.

Dank

Meine Kolleginnen und Kollegen Ulrike Büchs, Reinhold Grüning, Renate Hauser, Rut Schumacher, Elisabeth Suter und Stefan Eicher haben mich mit hilfreichen Fragen, Anregungen und Kommentaren herausgefordert, nachdem sie sich in die erste Fassung des Manuskriptes gründlich vertieft hatten. Ihnen ein herzliches Dankeschön.

Besonders herzlich danke ich meiner Frau Christine. Sie hat dieses Projekt von Anfang an fachlich kritisch und geduldig und ermunternd begleitet. Entscheidende Impulse zum definitiven Konzept verdanke ich Dr. Heinz Rüegger. Er hat mich in liebenswerter Weise an seinen Erfahrungen als Autor teilhaben lassen und sich grosszügig angeboten, die überarbeitet Fassung zu lektorieren.

Niklaus Zemp

1. Sein, wer wir geworden sind. Versöhnung mit sich selbst gibt neuen Lebensmut.

Das Bild von sich

An Selbstbewusstsein schien es Johann Nestroy, Schauspieler und Autor von Bühnenstücken, nicht zu mangeln. Er hatte, wie er schrieb "die Spiegel abgeschafft, weil sie die Frechheit haben, mein Gesicht, was einzig in seiner Art ist, zu verdoppeln." In seiner Arbeit hielt er aber gerne andern den Spiegel vor.

Jugendliche haben in der Regel das gegenteilige Problem. Wenn sie in den Spiegel schauen, gefällt ihnen das eigene Spiegelbild nicht. Sie möchten auch so aussehen wie diese oder jene Schönheit. Viele gewöhnen sich nach und nach an das eigene Aussehen. Andere können sich vielleicht nie ganz mit ihrem Äusseren anfreunden.

Von noch grösserer Bedeutung ist das andere Bild, das ein junger Mensch vor Augen hat, das Bild, wer er sein möchte oder wer er sein müsste. Wer hat in seiner Jugend nicht ein solches Bild als Ziel oder Last mit sich herum getragen? Viele Menschen versuchen während Jahren oder gar Jahrzehnten mit viel Einsatz, diesem Bild zu entsprechen. Ob es einem auf Dauer gut geht mit diesem Bild hängt davon ab, ob es zur eigenen Persönlichkeit passt oder nicht.

Mich gibt es nur einmal

In jedem Menschen ist ein unverwechselbarer Persönlichkeitskern angelegt. Eltern von mehreren Kindern stellen oft erstaunt fest: »Keines ist gleich wie das andere.« Bei günstigen Lebensumständen und je nach Förderung durch Erziehung und Bildung kann sich dieser Persönlichkeitskern positiv entwickeln und entfalten. Wer seinen Persönlichkeitskern im Wesentlichen entwickeln konnte, der kann sich sagen: „Ja, das bin ich, so bin ich wirklich. Und es ist gut so." Schwierig ist es, wenn sich in diesem Bild eine Person spiegelt, die einem fremd erscheint: „Eigentlich bin ich das nicht. Das ist nicht mein wahres Wesen.“ Dann meldet sich ein Gefühl, hineingepresst zu sein in eine unpassende Form. Und es stellt sich die Frage: Wer bin ich denn? Eigentlich sind es immer zwei Fragen: Wer bin ich vom Wesen und von meinen Begabungen her? Und: Wer bin ich geworden durch die fördernden und hindernden Einflüsse meiner Lebensgeschichte?

Wer das Glück hatte, als Kind von seinen Eltern und andern wichtigen Bezugspersonen erkannt und verstanden zu werden, hatte die besten Chancen, sich selber zu werden und zu sein. Wer in ein fremdes Persönlichkeitsbild gepresst wurde oder sich mit besten Absichten selber hineingezwängt hat, fühlt sich missverstanden und erlebt sich wie in einer fremden Haut.

Ungünstige Umstände behindern oder verfälschen die Entwicklung. Zum Beispiel, wenn Eltern generell überfordert sind. Es kann für die Eltern und andern Bezugspersonen eine grosse Herausforderung sein, ein Kind in seiner Eigenart zu verstehen und ihm gerecht zu werden. Sehr problematisch sind fixe Vorstellungen, wie ihr Kind sein sollte und was aus ihm werden müsste. Und noch schlimmer, wenn ein Kind psychischen oder physischen Misshandlungen ausgesetzt ist. Da fehlt der Respekt vollständig vor der Einmaligkeit dieses kleinen Menschen.

Aber auch weniger gravierende Erfahrungen von Unverstandensein und von fixen Vorstellungen können der Entfaltung von persönlichkeitsspezifischen Fähigkeiten im Wege stehen. Sie behindern die Entwicklung eines gesunden Selbstvertrauens. Wie sehr und nachhaltig mangelndes Selbstvertrauen das Leben erschwert, kennen die Betroffenen nur allzu gut.

Es ist nicht verwunderlich, dass einem in der therapeutischen Praxis vor allem Menschen begegnen, die aufgrund ihrer Familien- und Lebensgeschichte in der Entwicklung ihrer Persönlichkeit erheblich behindert oder blockiert worden sind. Tröstlich dabei ist, dass in aller Regel der echte Kern der Persönlichkeit erhalten bleibt. Das heisst, ungünstige Prägungen und Verfremdungen müssen die Entwicklung nicht lebenslang behindern.

Der Blick in den „Spiegel“ ...

Manche Menschen meiden den Blick in den Spiegel, weil sie fürchten, etwas zu sehen, das ihnen nicht gefallen könnte. „Wer sich besieht im Spiegelglase, den dünket krumm die eigne Nase“, hat Bernhard Freidank gedichtet. »Na und!«, sagen sich die einen, und versuchen, sich als ganzer Mensch in den Blick zu bekommen. Wer es wagt, genauer hinzuschauen, hat die Chance, auch ganz Anderes, Erfreuliches an sich zu entdecken. Doch wer befürchtet, ein fremdes, beängstigendes Bild von sich zu sehen oder wer gar kein »Bild« von sich hat, meidet nach Möglichkeit den Blick in den Spiegel. Eine Frau um die 50, beruflich erfolgreich und geachtet und auch äusserlich eine angenehme Erscheinung, sagte in einer Sprechstunde: »Ich stehe zwar jeden Morgen vor dem Spiegel, aber ich sehe mich nicht wirklich.« Sie schaute, ob die Frisur stimmte und andere Details. Aber sich echt ins Gesicht zu schauen, das schaffte sie nicht. Sie war sich aber nicht nur in der Wahrnehmung ihres Äussern fremd. Sich war sich ebenso als Mensch fremd geblieben. Einzig in der beruflichen Rolle hatte sich ein, zwar sehr fragiles, Selbstbewusstsein entwickeln können.

Man kann ein falsches Bild von sich haben, oder auch gar keines. Letzteres heisst allerdings, dass man die fremden und widersprüchlichen Bilder weit weggeschoben und keines mehr im Blick hat.

... lohnt sich

Der ehrliche Blick in den „Spiegel“ lohnt sich, auch wenn es Mut dazu braucht. Es lohnt sich, das Bild von sich einmal genau anzuschauen. Wie sieht es aus, dieses Bild? Gefällt es mir? Löst es positive Gefühle aus? Wie hat es mich in all den Jahren beeinflusst?

Dieses Bild von sich sieht man nicht im Spiegelglase. Zum einen entsteht es „vor dem inneren Auge“. Zum andern sind die Reaktionen der Umwelt eine Art von Spiegel, in denen man sich betrachten kann. Was man in der Selbstwahrnehmung „sieht“, ist nie das Ganze. Und im „Spiegel“ der Mitmenschen kann man erkennen, wie man erlebt und von wem man wie erlebt wird, aber nicht unbedingt, wer man wirklich ist.

Wie ist das Bild, das wir selber von uns haben, zustande gekommen? Es wurde von vielen Faktoren und Einflüssen geprägt: Davon, wie die Eltern ihr Kind gesehen haben, was ihnen und andern Erziehungspersonen an diesem Kind gefallen oder missfallen hat. Davon, nach welchen gesellschaftlichen Vorstellungen es erzogen worden ist. Vorbilder und Idole und Gleichaltrige, denen man vor allem in der Jugend nacheifert, spielen eine wichtige Rolle.

Beispiele prägender Bilder

Verkannt werden

Wer als Kind in seiner Persönlichkeit nicht erkannt oder gar missachtet wird, kann ganz unterschiedlich darauf reagieren. Eine häufige Variante ist die, sich intensiv zu bemühen, dem vorgegebenen fremden Bild zu entsprechen, um geliebt zu werden, um die Liebe der Bezugspersonen nicht zu verlieren. Auch der Zwang zu einer bestimmten Berufsausbildung und zu Karrierezielen kann verheerend wirken. Ich denke an den Mann, der sich nichts Spannenderes vorstellen konnte, als an Maschinen herumzutüfteln. Er liess sich in eine Bankerkarriere drängen, schaffte es bis zum Vizedirektor - bis ihm eine psychische Krise den Ausstieg „erlaubte“.

Die Antihaltung: Erst recht nicht!

Eine andere Möglichkeit mit genau so problematischer Auswirkung ist, sich in einer Antihaltung zu verbarrikadieren. ‘Euch werde ich schon zeigen, was ich kann und wer ich bin’, kann die Gegenreaktion auf das Verkanntwerden sein. Und als Reaktion auf fixe Vorstellungen, wer und wie man sein müsste, z. B. indem Eltern eigene nicht erfüllte Erwartungen auf ihre Kinder übertragen, wählt sich ein Kind oft den Leitspruch: ‘Auf keinen Fall so sein, wie man mich haben will!’ Diesen Leitspruch wählt sich auch ein Kind, das auf keinen Fall so wie der Vater oder wie die Mutter sein möchte. Wer aus Trotz und Opposition in einer Antihaltung verharrt, weil er sich nicht anders zu schützen weiss, entwickelt sich oft auch gegen seine Persönlichkeit. Wer sich in seiner Jugend aus guten Gründen selber dieses Versprechen gibt, sucht dann nicht mehr nach seinem eigenen Ich, das für gewöhnlich eben doch auch Ähnlichkeiten mit diesem Elternteil aufweist. Man lehnt dann auch jene Anteile ab, die zu einem gehören.

In der Pubertät machen wohl alle, mehr oder weniger ausgeprägt, eine Phase der Antihaltung den Eltern gegenüber durch, ohne dass dies auf Dauer die Entwicklung der Persönlichkeit negativ beeinflusst.

Ideale und Idole

Junge Menschen brauchen Vorbilder. Je schwieriger die Lebenssituation, je schlechter die familiären Beziehungen, umso einflussreicher werden Ideale und vor allem Idole. Das können Erwachsene oder Gleichaltrige sein, die Eindruck machen. Jugendlichen fällt es schwer, zwischen Ideal und Idol zu unterscheiden. Dem idealen Vorbild möglichst nahe zu kommen verspricht Selbstwert, Zufriedenheit, Ankerkennung. Ob gerade dieses Vorbild der eigenen Persönlichkeit entspricht, diese Frage wird (noch) nicht gestellt. Das heute meist medial erlebte Idol verspricht heile Welt oder Weltflucht und weicht den schon so labilen Realitätsbezug noch weiter auf. Es kann in der Folge schwer werden, sich im realen Leben zurechtzufinden.

Ein Idealbild von sich kann man auch ohne direkten Bezug auf bestimmte Vorbilder entwickeln, beeinflusst von Erfahrungen, von Träumen und Sehnsüchten. Das scheint auf den ersten Blick und für eine gewisse Zeit die bessere Lösung zu sein. Oft ist das aber auch nicht ein passendes Persönlichkeitsbild. Ein übersteigertes, irreales, unerreichbares Vorbild, kann masslos überfordern, und es kann zur Verleugnung der eigenen Persönlichkeit führen. Eine schwere Enttäuschung ist vorprogrammiert. Es sind die widrigen Umstände, unter denen sich manches Kind schon früh gezwungen fühlt, sein Verhalten an einem unpassenden Idealbild auszurichten, weil dieses ihm ein erträgliches Leben verspricht.

Je nach dem wirkt dieses Vor-Bild, dem man nahe kommen möchte oder müsste, als freundlicher Animator oder als gnadenloser Antreiber.

Resignieren, immigrieren

Wer sich nicht anpassen will und nicht in einer Antihaltung Position bezieht, flieht möglicherweise in eine innere Beziehungsimmigration: 'Ich brauche niemanden, keine Vorbilder. Ich schaffe es im Leben allein.' Ein junger Mensch gerät mit dieser Haltung in ein einsames Einzelkämpferleben. Dabei kann es ihm ganz gut gelingen, sich über Wasser zu halten. Er ergreift die Möglichkeiten, die sich ihm dazu bieten. Wer so lebt, dem ist möglicherweise die Bedeutung, die er in der Verkörperung 'seines' Bildes gewinnt, wichtiger als geliebt zu werden. Ob er dabei seine zentralen Begabungen entwickeln kann und ob er sich da eine Haltung aneignet, die ihn von seinem Wesen entfremdet, wird dann vielleicht viel später zum Thema.

Wie die Erwachsenen uns haben wollten, was sie uns zugetraut oder abgesprochen haben, hat bei manchen wie ein Orakel gewirkt. Zum Beispiel das Orakel: „Das kannst du nicht, das lernst du nie!“ erfüllt sich immer wieder, auch wenn es den realen Möglichkeiten völlig widerspricht. Manches Kind beginnt an ein solches Urteil zu glauben und gibt resigniert auf, weil es selber den Glauben an seine Chancen verliert. Jürg Jegge hat dieses Phänomen in seinem Buch „Dummheit ist lernbar“ eindrücklich beschrieben. In der Rolle des Minimalisten kann man sich ein Stück weit entlastet fühlen. Aber die Entwicklungsmöglichkeiten liegen brach.

Braves Mädchen! Tapferer Junge! Oder: Du kannst, wenn du nur willst!

Verheerend kann sich ein berechnendes Lob auswirken. Beispielsweise wenn ein Kind ständig andern als Vorbild hingestellt wird: „Du bist ein ganz braves Mädchen, ganz anders als die andern.“ Möglicherweise realisiert es erst als Erwachsene, in welche Zwangsjacke es damit gesteckt wurde. Auch wenn ein Bub ein Mädchen sein müsste und umgekehrt kann die Folge sein, dass sich das Kind übermässig anpasst, um die Anerkennung nicht zu verlieren. Unter solchen Umständen gewöhnt sich ein Kind an, seine Bedürfnisse zu verdrängen. Und es kann sein, dass es sie mit der Zeit kaum noch wahrnimmt.

Eine zwiespältige Sache sind auch Sätze wie: „Das schaffst du schon!“ „Du bist immer so stark!“ „Wenn man will, kann man alles!“ Je nach Situation und ja nachdem, was damit bezweckt wird, können sie motivieren oder als Zwang wirken. Wen wundert es, wenn jemand vorerst einmal stolz darauf ist, wenn er ständig so „gestärkt“ und „unterstützt“ wird? Aber es zwingt ihn auch, jede Schwäche zu überspielen, immer auf noch grössere Leistung bedacht zu sein. Wo führt das auf Dauer hin? Es führt zur Verleugnung wichtiger Anteile der eigenen Persönlichkeit.

Schicksal

Auch eine Krankheit oder eine Behinderung kann die Entwicklung des Ich eines Menschen wesentlich beeinflussen. Die Nachwirkungen eines längeren Spitalaufenthaltes, überbehütet werden oder spüren müssen, wie sehr man den Eltern zur Last fällt, hinterlassen Spuren in der Persönlichkeitsentwicklung. Beziehungsschwierigkeiten, Über- oder Unterforderung sind für diese Menschen meist ein belastendes Thema. Traumatische Erlebnisse irgendwelcher Art beeinträchtigen ebenfalls die Entwicklung eines gesunden Selbstwertgefühls.

„Du sollst dir kein Bild von mir machen“

Alle diese Erfahrungen und die daraus resultierenden ‘Entscheidungen’ prägen das Bild, an dem sich ein junger Mensch orientiert oder gegen das er sich auflehnt. Im Alten Testament steht das Verbot Jahwes: „Du sollst dir kein Bild von mir machen“ Um was geht es da eigentlich? Doch darum, weil ein Bild immer nur einen Moment fixiert. Wir machen uns ganz spontan ein Bild von andern und von uns selbst. Das wäre nicht weiter problematisch, wenn wir dieses Bild als eine Momentaufnahme aus einem aktuellen Blickwinkel betrachten würden. Ein Mensch kann sein ganzes Leben lang dazu lernen, sich ständig weiter entwickeln. Darum sollten wir nie diese Momentaufnahme als Etikett missbrauchen, das wir uns selber oder auch andern anheften. Denn ein solches Etikett sagt oft wenig über den wirklichen Menschen aus.

Und jetzt

Welchen Sinn hat es in reiferen Jahren, vielleicht erst mit 50 oder noch später, nach dem eigenen, echten Bild von sich zu suchen? Es kann sehr schmerzhaft sein, beim genaueren Hinschauen festzustellen, was alles verbogen wurde und wie das eigentliche Ich verfälscht wurde.

Doch es geht um den Versuch, für sich zu klären, was von dem, was aus einem in all den Jahren geworden ist, wirklich der eigenen Persönlichkeit entspricht. Was zu den eigenen Veranlagungen und Begabungen, zu den eigenen echten Idealen passt. Mehrere Gründe sprechen dafür, dem nachzugehen, wer und wie ich heute bin, wer und wie ich hätte sein und werden wollen (oder können?).

Es kann sein, dass das Ergebnis dieser Prüfung ganz zufriedenstellend ausfällt. Zudem gibt dieser Vergleich zu erkennen, ob wichtige Interessen bisher zu kurz gekommen sind, ob Fähigkeiten brachliegen, die in der nächsten Lebensphase entwickelt werden könnten. Da ist oft viel mehr möglich als das, was man auf den ersten Blick erwarten würde. Auch wenn nur noch Teile von Brachliegendem entwickelt werden können und Verborgenes ans Licht geholt werden kann, ist es in jedem Fall ein Gewinn und verhilft zu grösserer Zufriedenheit.

Der Vergleich zeigt zudem auf, wovon es Zeit ist, sich zu verabschieden. Loslassen können gibt auch in diesem Zusammenhang Kräfte frei für die Entwicklung von dem, was jetzt noch möglich ist.

Ein Blick zurück

Viele Menschen sagen: „Wie kann ich erkennen, wer ich eigentlich bin?" Ist es denn überhaupt möglich, herauszufinden, wie mein echtes Selbst ausschaut? Wie findet man sein stimmiges Bild von sich? Der Weg führt über die Erinnerung, wie das Bild entstanden ist. Wie war ich als Kind, wie in der Jugendzeit? Im Blick zurück kann es sein, dass ein Mensch, der als sehr zurückhaltend erlebt wird, sich als spontanes, fröhliches Kind im Alter von fünf oder sechs Jahren wieder entdeckt. Und es tauchen familiäre Szenen in der Erinnerung und Schulerfahrungen auf. Welchen Einfluss hatten bestimmte prägende Ereignisse auf das Lebensgefühl und auf zukünftige Verhaltensweisen? Haben sie beflügelt oder eingeengt, gar blockiert, in welche Richtung haben sie gesteuert?

Eine andere Frage ist die: Wohin haben mich die Ideale geführt, für die ich mich selber entschieden habe? Waren sie sinnvoll, oder, aus der heutigen Erwachsenen-Perspektive, eine Fehlentscheidung? In jungen Jahren ist man rasch bereit, einem Ideal oder Idol nachzueifern, weil man mit sich selber unzufrieden ist. Weil man im Gefühl lebt, nicht beachtet, unterschätzt zu werden. Weil niemand die noch schlummernden Qualitäten und Fähigkeiten wahrnimmt. Man möchte aber so gerne dieser andere „bedeutende" Mensch sein. Es gibt auch andere Gründe, warum sich ein junger Mensch ein Ideal zulegt, das überhaupt nicht zu seinem Wesen, zu seiner Persönlichkeit passt. Die Gefahr besteht darin, dass man sich früher oder später überfordert.

Sein, wer wir geworden sind

Ob wir uns übertriebenen, unerreichbaren Idealen selber verschrieben haben, oder ob sie uns aufgezwungen wurden, das muss nicht für alle Zeit so bleiben. Es liegt an uns selbst, sich irgendwann von diesem Druck zu befreien. Warum nicht bald?

Versuchen wir zu verstehen und zu akzeptieren, wer wir (geworden) sind, statt uns immer noch darum zu bemühen, zu werden, wer wir glauben sein zu müssen. Das braucht ein wenig Übung und wird nicht von einem Tag auf den andern gelingen.

Wenn die momentane Situation unbefriedigend ist, ist beim Rückblick auf die eigene Lebensgeschichte der Blick besonders geschärft für das, was vernachlässigt wurde. Im Scheinwerferlicht stehen jene Dinge, die man selbst in übertriebenem Verantwortungsbewusstsein und Leistungswillen verpasst hat. Es ist gut, dieser Feststellung nicht auszuweichen.

Doch diese Seite der Geschichte ist nur ein Teil des bisherigen Lebens. Wir sollten unsere Lebenserfahrungen auch darauf hin absuchen, was wir aus Schönem und aus Schwierigem gelernt haben. Eine Idealfigur, die zwar überfordert hat, hat auch ständig angespornt, Dinge zu trainieren, die wir sonst nie gelernt hätten. Schwierige Umstände zwingen manches Kind zu einem Überlebenstraining, in dem es sich Verhaltensweisen aneignet, mit denen es seine Situation aushalten und durchstehen kann. Diese können im späteren Leben, je nach Situation, hinderlich, aber auch hilfreich sein. Wenn wir uns zu einer Standortbestimmung aufraffen, ist das eine gute Gelegenheit, unsere Eigenarten daraufhin zu prüfen, in welchen Situationen sie sich hilfreich und in welchen sie sich störend auswirken. Wichtig wäre zu lernen, das, was wir als Stärken und was wir als Schwächen erleben, nicht automatisch mit Plus und Minus zu bewerten. In unserer Gesellschaft ist es üblich, alles mit Plus und Minus zu beurteilen. Das ist weder adäquat noch sinnvoll. Was in einer Situation ein Mangel ist, kann in einer anderen ein Vorteil sein. Die Schwarz/Weiss Bewertung kann auch dazu führen, dass wir das Positive nicht gelten lassen, weil es auch Negatives gibt. Wer so damit umgeht, bei dem kommt ein Lob nicht an. Eine Anerkennung wird zurückgewiesen mit dem Gedanken: ›Wenn die wüssten, was bei mir alles nicht stimmt!‹.

Wir können unsere Grenzen aber nur erweitern, wenn wir von dem Boden ausgehen, auf dem wir festen Stand haben. Darum ist es wichtig, zur Kenntnis zu nehmen, was stimmt, was gut und stark ist, welche Begabungen und Fähigkeiten vorhanden, verfügbar sind.

Versöhnung mit sich selber

Wenn wir in dieser Offenheit auf unseren Lebensweg zurückblicken, statt über uns Gericht zu halten, wird es einfacher, sich mit sich selber und seinem Schicksal zu versöhnen.

Versöhnung mit sich selbst heisst: Ich versuche mich anzunehmen als der Mensch, der ich geworden bin, und ich versuche, von da aus mein Leben im Rahmen meiner Möglichkeiten bewusst zu gestalten.

Ein Hindernis auf dem Weg der Versöhnung mit sich selbst ist oft die anklagende innere Stimme: „Du hast versagt!“ In diesem Falle ist es notwendig, sich einmal zu fragen: Wie beurteile ich eigentlich mein Leben?

Viele Menschen messen früheres Verhalten, frühere Entscheidungen mit dem aktuellen Wissen und mit dem aktuellen Können. Jahre danach ist es manchmal kaum mehr verständlich, weshalb man diese oder jene Entscheidung damals so oder anders getroffen hat. Die Einsicht, dass es damals nicht anders möglich war, oder dass man es damals nicht besser verstanden hat, kann sehr entlasten. Die Frage ist auch, ob wir das Endresultat einer Lebensetappe als Urteil über das Ganze setzen, oder ob wir die Einzelleistungen und Einzelerfahrungen auch für sich allein werten können. Zwar entspricht es unserer Lebenserfahrung, die sich schon in unserer Kindheit eingeprägt hat: nur das Resultat des Examens gilt, die täglichen Leistungen haben wenig Gewicht. Aber eigentlich ist das eine falsche und ungerechte Bewertung. Versöhnung mit sich selber kann gelingen, wenn wir lernen, uns selber gegenüber gerecht und gnädig zu sein. Verurteilen wir uns nicht wegen Dingen, in denen wir versagt haben, weil wir es damals nicht besser verstanden haben. Klagen wir uns nicht weiter an in Sachen, die sich hinterher trotz bester Absicht als falsch herausstellten. Werten wir das, was wir gut gemacht haben, nicht ab, weil sich auch weniger Gutes in unserer Geschichte findet. Lassen wir doch beides neben einander stehen. Selbstvorwürfe in der Folge von Fehlentscheidungen im Leben, sich nicht verzeihen können, kann wie eine Fessel wirken, die ein Weiterkommen verhindert. „Niemanden behandeln wir so schlecht wie uns selbst." meint Kristin Neff, Professorin an der University of Texas. Das muss ja nicht sein. Begegnen wir uns also so, wie wir mit unserer besten Freundin, unserem besten Freund umgehen, ehrlich und nachsichtig, geduldig und mitfühlend.

Wenn Versöhnung mit sich selber gelingt, ist das ein wohltuendes, befreiendes Gefühl. Es ist der Beginn einer neuen Lebensetappe.

Anregungen zur Selbstreflexion

- Wie würde ich den Grad der Zufriedenheit mit mir selbst einstufen. Und wo stehe ich in der aktuellen Lebensphase nach meinem Empfinden?
- Kann ich mich erinnern, wie ich als Kind war: ein sehr lebendiges, spontanes Kind oder scheu und zurückhaltend oder träumerisch, voll Fantasie, oder ...?
- Wurde ich von Menschen, die mir wichtig waren, von den Eltern, von Lehrerinnen, Lehrern, von Gleichaltrigen verstanden? Wie sind sie mit mir und meinen Eigenheiten umgegangen?
- Wurden mir wichtige Dinge verbaut? Wenn ja, habe ich gelernt damit zu leben oder leide ich weiter darunter?
- Was habe ich bisher selber unternommen, um verbleibende Möglichkeiten auszuschöpfen?

2. Legen wir unnötige Lasten ab. Lernen wir, uns vor Überforderung zu schützen. Klarheit gibt Sicherheit.

Wenn manches zur Last geworden ist

Im Laufe des Lebens sammelt sich unter Umständen eine Menge an Aufgaben und Pflichten an, private und berufliche. Vielleicht wird einem erst in einer kurzen Verschnaufpause bewusst, wieviele es geworden sind. Wenn einem alles zuviel wird, wenn das Gefühl vorherrscht, einen überladenen Rucksack schleppen zu müssen, ist die Frage berechtigt: Muss das so sein oder schleppe ich da unnötige Dinge mit?

Es lohnt sich, einmal in Ruhe die echten und vermeintlichen Pflichten unter die Lupe zu nehmen, sie darauf hin zu überprüfen, welche zur Last geworden sind und weshalb. Was hat sich alles angesammelt, das die eigene Zeit und Energie in einem Übermass in Anspruch nimmt? Quält das Gefühl, von andern ausgenützt zu werden?

Vieles kann dabei eine Rolle spielen: Ein Übermass im beruflichen Engagement, aus welchem Grund auch immer. Sich um andere kümmern und schon lange das Gefühl haben, dass es einem in diesem Ausmass eigentlich zu viel ist. Andern gerne Gutes tun, aber die eigenen Grenzen nicht rechtzeitig spüren. Sich selber dabei vergessen, bis es einfach nicht mehr geht. Sich für andere verantwortlich fühlen und Mühe haben, ihnen etwas zuzutrauen und zuzumuten. So sorgen und arbeiten manche für andere in einem Masse, wie es schon längst nicht mehr nötig wäre.

Unerfreuliche „Pflichtanlässe“ der Firma, im Familien- Verwandtschafts-, und Bekanntenkreis, an denen man seit Jahren nur mit Widerwillen teilnimmt, können kräftezehrend sein. Zum Beispiel, weil sie zu häufig stattfinden, oder weil die Atmosphäre unerträglich ist.

Es kann auch sein, dass man sich selbst zu viele Lasten auferlegt hat. In jungen Jahren tut man viel, um zu zeigen, was man kann. Ein mangelndes Selbstwertgefühl spornt häufig zu grossem Einsatz an, im Beruf und in der Freizeit. Sich in Vereinen und Organisationen zu engagieren macht Spass. Und die Ehre, für Ämter gefragt zu sein, ist verlockend. Festlichen Anlässen für Familie, Vereine und andere Gruppen organisieren, bringt Anerkennung und persönliche Aufwertung. Und wie gut tut das Lob: „Wenn alle kneifen, auf dich kann man sich immer verlassen. Du bist immer verfügbar!" Was genau eine Aufwertung des geringen Selbstwertes verspricht, geben die persönliche Geschichte und der Zeitgeist vor. Auf was man sich anfänglich mit Freude eingelassen hat, kann nach und nach zur Last werden, weil es mit der Zeit zu viel Kraft in Anspruch nimmt, oder weil es einem eigentlich gar nicht entspricht.

Da geht es immer auch um die Frage: Bestimme ich selber über das, was ich tue, oder wird über mich verfügt? Die Einsicht allein, dass es einem zu viel geworden ist, reicht noch lange nicht, um diese Lasten auch loszuwerden. Das eigene schlechte Gewissen, das Unverständnis von anderen sind hohe Hürden, die überwunden werden müssen.

Unerreichbare Ziele stressen

Zu einer schweren Last können unerreichbare Ziele werden, unabhängig davon, ob sie von aussen vorgegeben wurden oder ob wir sie selber gesetzt haben. Sisyphusarbeit kann einen zur Verzweiflung bringen. Am wohlsten ist es dem, der im Rahmen seiner Möglichkeiten tätig sein kann. Und am erfolgreichsten und am zufriedensten ist, wer weder überfordert noch unterfordert ist.

Möglicherweise ist Überforderung leichter zu erkennen als Unterforderung. Auch eine Unterforderung kann sehr belastend sein. Nur geht es in diesem Fall nicht darum, Leistungs- oder Karriereansprüche zurückzunehmen, sondern sich an Neues heran zu wagen, sich etwas zuzutrauen. Beides ist für viele eine Mutprobe. Ängste müssen überwunden werden.

Was hat bisher gehindert, unnötige Lasten abzulegen?

Vor allem die folgenden Gründe sind daran beteiligt, wenn wir unnötige Lasten schleppen: Mangelndes Selbstwertgefühl. Sich nicht dagegen wehren können, sich

Pflichten und Lasten aufdrängen oder gar aufzwingen zu lassen. Geliebt werden wollen und glauben, dies nur durch Leistung erreichen zu können. Die Angst vor den Folgen, wenn man jemanden enttäuschen müsste. Keine Bitte abschlagen, keine Forderung zurückweisen können, weil in der Familie Neinsagen so verpönt war, nicht erlaubt war. In Aufgaben und Ämtern eine Möglichkeit gefunden haben auch „jemand zu sein“. Stolz darauf sein, soviel (und mehr als andere) tragen zu können. Der Gedanke, diese Lasten abzulegen, löst ein Versagergefühl aus.

Sich so lange durchzuquälen, bis man krank oder verbittert wird, ist nicht sinnvoll. Es gibt auch die Pflicht, sich selbst ernst zu nehmen, im eigenen Interesse, aber auch im Interesse der andern. Wer krank wird, kann für die andern nicht mehr da sein. Wer nur noch widerwillig für andere etwas tut, kann das nicht mehr mit einer positiven Grundhaltung tun. Man kann versuchen, seinen Widerwillen, seinen Ärger zu unterdrücken. Aber der andere spürt die Abneigung. Und das Risiko ist gross, dass der versteckte Ärger sich „unter dem Tisch“ Luft macht. Wenn ein Kontakt schwierig ist, ist es wichtig, ein Mass zu finden, bei dem man noch mit positiven Gefühlen dabei sein kann.

Nicht unbeschränkte Energien

Unsere Energien erreichen zwischen 30 und 40 den Höhepunkt, sagen die Biologen. In aller Regel nehmen wir nicht sogleich wahr, wenn wir den Gipfelpunkt überschritten haben. Die Fähigkeiten und die gefestigten Erfahrungen, die wir bis dahin gewonnen haben, machen noch eine ganze Weile den Energierückgang wett. Jahrelang hatte die Energie gereicht, um geforderte Leistungen erbringen zu können, um durchzuhalten, um die Lasten tragen zu können, die wir uns freiwillig oder auch unfreiwillig aufgeladen haben. Spürbar wird aber die Abnahme der Energie für die meisten von uns ab dem 50. Lebensjahr.

Man kann das zur Kenntnis nehmen, ob gern oder ungern, und sich entsprechend einrichten. Oder aber, wenn man unbedingt will, kann man noch eine Weile alle Reserven mobilisieren. Das ist aber nicht zu empfehlen, weil diese Reserven dann fehlen, wenn sie zur Bewältigung von besonders schwierigen Momenten gebraucht würden.

Wenn ein Mensch, der immer so stark war, und der bisher alles auf bewundernswerte Weise gemeistert hat, von einem Tag auf den andern „zusammenklappt“, ist die Umwelt meist völlig überrascht. Das nannte man früher treffend ’ausgebrannt’ sein, heute heisst es halt Burn-out. Solche Zusammenbrüche erleben Menschen dann, wenn sie zu lange Zeit an der obersten Leistungsgrenze funktioniert haben.

Sich mit andern vergleichen ist ein problematischer Massstab

Ein weiterer Grund, warum sich manche Menschen überfordern, ist der ständige Vergleich mit anderen. Ob es uns gefällt oder nicht, wir sind von Natur aus nicht alle mit gleichen Kräften ausgestattet, sowohl physisch wie psychisch. Das lässt sich auch mit diszipliniertem Training nur begrenzt ausgleichen. Ob uns eine Pflicht zur (übergrossen) Last wird, hängt von zwei Dingen ab: Eine Pflicht, die wir für sinnvoll und notwendig halten und die mit unseren Fähigkeiten zu bewältigen ist, empfinden wir nicht ständig als Last, selbst dann, wenn sie ab und zu drückt. Die Last einer Pflicht, die unsere Fähigkeiten und Kräfte generell übersteigt, kann erdrückend werden und krankmachen. Man kann tüchtigere und robustere Menschen beneiden, weiterhin mit ihnen konkurrieren, oder aber unabhängig davon im Rahmen der eigenen Möglichkeiten sein Bestes geben.

Quantität ist nicht alles

Wenn die Leistungsgrenze erreicht ist, kann oft Qualität ein reduziertes Mass an Quantität ausgleichen.

Und noch ein Gedanke zum ständigen Vergleich mit andern, der dazu verführt, sich selbst ständig auszublenden: Irgendwann ist ein Mensch doch alt genug, um nicht mehr alles mitmachen zu müssen, was nicht sinnvoll ist und was die Kräfte überfordert.

Wer nicht schon in jüngeren Jahren lernt, in beruflichen und privaten Engagements ein gesundes Mass zu finden, dem fällt es meist im höheren Alter erst recht schwer, Verantwortung abzugeben und Hilfe in Anspruch zu nehmen.

Ein Mensch um die 50 weiss im Grunde recht gut, was er kann und was nicht. Natürlich gibt es auch Menschen, die sich ständig überschätzen. Aber für viele liegt das Problem vielmehr darin, der Selbstwahrnehmung und Selbsteinschätzung nicht zu trauen, das eigene Können und die eigenen Grenzen nicht realistisch einschätzen zu können. Die negative Selbstbewertung schürt gleichzeitig die Furcht vor der Fremdeinschätzung. Doch gerade die Fremdeinschätzung von kompetenten, ehrlichen Mitmenschen, ob Freunde oder Fachleute, könnte helfen, eine allzu einseitige Selbstwahrnehmung zu korrigieren.

Zwischen Helferbeziehungen und Freundschaften unterscheiden

Ab und zu, und erst recht wenn wir älter werden, empfiehlt es sich, seine Beziehungen, sowohl die privaten, die beruflichen wie die helfenden, nüchtern zu betrachten. Vielleicht gibt es Kontakte, die man über Jahre als Freundschaften verstanden hat. Wenn man sie genauer betrachtet, stellt sich vielleicht heraus, dass die eine oder andere Beziehung in Wirklichkeit „Schlagseite" hat. Auf einmal wird klar, dass man als gute Zuhörerin, als geduldiger Zuhörer gefragt ist, aber die eigenen Themen, Fragen und Probleme das Gegenüber kaum interessieren. Eigentlich ist diese Beziehung keine Freundschaft, sondern eine Helferbeziehung. Damit will ich nicht sagen, man solle auf Helferbeziehungen verzichten. Aber es ist wichtig, zwischen Freundschaften - Beziehungen auf gleicher Ebene - und helfenden Kontakten zu unterscheiden. Helferbeziehungen können nicht auf Dauer private freundschaftliche Kontakte ersetzen. Fehlende persönliche Beziehungen mit helfenden Beziehungen zu ersetzen, führt immer irgendwann zu Enttäuschungen.

Unbefriedigende Beziehungen verändern, zu sehr belastende verabschieden, das ist nicht immer in gegenseitiger Klärung und Übereinstimmung möglich. Manchmal muss man alleine entscheiden und die Konsequenzen ziehen, auch wenn es die andere Person nicht versteht und nicht akzeptieren kann. Margot Bickel beschreibt diese Situation in folgenden Verszeilen: „Nicht immer ist Versöhnung möglich zwischen zwei Menschen. Möglich ist innerliches Abschiednehmen, Loslassen. Manchmal ist das der Preis für ein Leben in Frieden und Freiheit."

Menschen, die sich bisher immer sehr zurückgenommen haben, sich nicht oder nur schlecht für sich wehren konnten, ist sehr zu wünschen, solche befreienden Schritte zu wagen, auch wenn sie im Moment unangenehm sind. Spätestens ab 50 hat man gute Gründe, in dieser und jener Angelegenheit und Situation sich selber zu sagen: 'Ich bin jetzt alt genug, meine eigenen Entscheidungen zu treffen.' Gerade im Blick auf die spätere Lebensphase ist es Zeit, zu lernen, sich für seine wichtigen Bedürfnisse einsetzen zu können, bevor aufgestauter Ärger „explodiert".

Mut zur Auseinandersetzung

Manchmal braucht es den Mut zur Konfrontation und Auseinandersetzung. Es geht nicht darum, sich immer und um jeden Preis durchzusetzen. Falscher Friede aber ist nicht nur unehrlich, sondern hilft mit, ungute Situationen aufrecht zu erhalten. Wenn sich Friedensliebe und Durchsetzungsvermögen die Balance halten, trägt das viel zur inneren Ausgeglichenheit bei und schafft die Basis zu echten Beziehungen.

Freundlich, aber bestimmt Neinsagen können, sich für Dinge wehren können, die einem wichtig sind, das gibt ein Gefühl von Autonomie. Dieses Gefühl ist ein wichtiger Teil von Lebensqualität, wenn wir einmal auf die Hilfe anderer angewiesen sein werden. Als Kleinkind waren wir davon abhängig, von den Eltern oder anderen Erwachsenen umsorgt zu werden. Irgendwann werden wir wieder mehr oder weniger stark auf andere angewiesen sein. Und, wenn wir ehrlich sind, sind wir das nicht in allen Lebensphasen?

Sich zu entlasten bedingt, Neinsagen zu können

Nein-sagen will gelernt sein. Wem das besonders schwer fällt, sollte zuerst in einfacheren Situationen üben. Eine grosse Hilfe ist, sich spontanes Ja-sagen abzugewöhnen. »Ich muss noch (kurz) überlegen, eine Nacht darüber schlafen. Ich gebe dir morgen, in zwei Stunden, in fünf Minuten Bescheid.« Diese Bedenkzeit, ob länger oder kürzer, schafft Raum, um eine wirkliche Entscheidung zu treffen. Wer allzu spontan Ja sagt, überlegt erst hinterher, ob die Zusage wirklich stimmt. Als Übung kann man sich diese Bedenkzeit nehmen, auch wenn die Antwort schon klar ist. Ein Ja, zu dem man sich bewusst und überlegt entschieden hat, muss man selten bereuen.

Es lohnt sich, das Neinsagen rechtzeitig einzuüben. Sonst besteht die Gefahr, dass wir einmal als selber Hilfsbedürftige entweder in aufgestautem Ärger unwillig und ungnädig reagieren — was uns keine Sympathien einbringt — oder, dass wir resigniert uns innerlich isolieren und im schlimmsten Fall verbittern. Darunter würden dann wir selber leiden und nicht weniger unser Umfeld, auf das wir dann angewiesen sind.

Klarheit gibt Sicherheit

Bemühen wir uns um eine Souveränität, die uns ein Gefühl von Freiheit gibt. In dieser Souveränität sind wir in der Lage, anderen offen zu begegnen und das Mass an Nähe und Distanz selber zu bestimmen. Man kommt dabei nicht darum herum, gelegentlich jemanden zu enttäuschen. Aber beachten wir, dass die Enttäuschung noch grösser ist, wenn wir plötzlich ein übermässiges Angebot zurücknehmen. Noch schlimmer ist es, wenn andere auf einmal feststellen, dass das, was wir gegeben haben, gar nicht echt war. Grundsätzlich gilt: Klarheit gibt Sicherheit für beide Seiten.

Anregungen zur Selbstreflexion

- Gehöre ich zu den Menschen, die sich zu viel aufladen (lassen), weil ich andere nicht enttäuschen und keinen Ärger kriegen will?
- Muss ich immer noch beweisen, dass ich auch etwas kann und jemand bin, brauche ich Superleistungen, um die mir zustehende Anerkennung zu bekommen, oder sind es die Lebensumstände, die ein Übermass an Leistung von mir fordern?
- Wo unterstütze ich bloss die Bequemlichkeit anderer?
- Kenne ich die Grenzen meiner Leistungsfähigkeit, nehme ich sie wahr und reagiere ich angemessen darauf?
- Wie war das mit dem Neinsagen in der Kindheit? Habe ich gelernt, Konfrontationen aus dem Wege zu gehen oder notwendige Auseinandersetzungen zu wagen?

3. Prüfen wir, was uns im nächsten Lebensabschnitt wirklich wichtig ist. Neues wagen ohne Erfolgszwang schenkt ein neues Lebensgefühl.

Von Lebenszielen gefordert

Grundsätzlich ist jeder Lebensabschnitt von bestimmten Zielen geprägt. Und wir setzen unsere Energien für das ein, was uns wichtig ist. Fehlen konkrete Ziele, werden oft die Energien von einem zermürbenden Suchen nach etwas Erstrebenswertem absorbiert.

Wir alle wünschen uns spätestens mit 50 oder 60 mit einem Erfolgsgefühl, einem Gipfelerlebnis zufrieden sagen zu können: „Ich habe mein Ziel erreicht!"

Aber was ist, wenn dieses Ziel nicht erreicht ist? Wir können uns gut zureden: „Ich schaffe es immer noch!", die Realität ausklammern und die letzten Energien mobilisieren. Oder wir können den Tatsachen ins Auge schauen und eine Auswahl treffen von dem, was uns noch wirklich wichtig ist. Und wir können die Energien auf das konzentrieren, was realisierbar erscheint. Vielleicht ist aber eine Neuorientierung fällig, vielleicht ist eine „Richtungsänderung" angesagt. Das könnte als erstes bedeuten, das Leistungsdenken zu relativieren und eine Korrektur der Wertmassstäbe vorzunehmen. Man kann sich fragen, was hat das Leben noch zu bieten? Aber man kann sich auch überlegen: Was kann ich dem Leben noch abgewinnen, wenn der Leistungsgipfel überschritten ist?

Bei einer Standortbestimmung wird einem unter anderem irgendwann bewusst, was im Leben gefehlt hat, das eigentlich auch wichtig gewesen wäre, aber zu kurz gekommen ist. Es ist nichts Aussergewöhnliches, wenn zwischen 20 und 50 berufliche Herausforderungen, familiäre Verpflichtungen und vielleicht auch zusätzliche andere Engagements alle Kräfte in Anspruch nehmen. Dabei kommen andere Bedürfnisse, ganz persönliche, auch seelische, oft zu kurz. Vielleicht floss jahrelang viel Energie in den Einsatz für Ziele, die inzwischen nicht mehr überzeugen. Auch wenn äusserer Zwang bisher keinen Freiraum liess für das, was vor allem der Psyche guttut, stellt sich die Frage, ob das weiterhin wirklich so sein muss.

Wenn Fähigkeiten brach liegen

Bei einer Standortbestimmung kann es einem auch bewusst werden, dass sich die eine einengende Lebenssituation positiv verändert hat. Man kann feststellen, dass lange brach gelegene Fähigkeiten entwickelt werden konnten, die nun neue Lebenschancen eröffnen, zu denen die Türe bisher verschlossen schien. Erst wenn man diese Entwicklung wahrnimmt, kommt man auf die Idee, sie auch auszuschöpfen. Diese Situation ähnelt vielleicht der Fabel von dem Manne, der gefangen genommen und eingekerkert wurde und jahrelang im Gefängnis sass. Nach Jahren, als er die Gefangenschaft nicht mehr aushalten konnte, beschloss er auszubrechen, auch auf die Gefahr hin, dabei umzukommen. Als er sich todesmutig gegen die Gefängnistüre stürzte, stellte er fest, dass sie nicht abgeschlossen war und auch keine Wächter davor standen.

Einsatzfreude und -bereitschaft, Pflicht- und Verantwortungsbewusstsein, Erfolgsdruck und Routine, Karrierepläne, das alles können Gründe sein, warum man die ganze Zeit auf Dinge verzichtet hat, die ein Ausgleich zum Alltag hätten sein können.

Vielleicht hat manches, was jahrelang Interesse und Zeit voll in Anspruch genommen hat, inzwischen an Faszination verloren. Auch Berufswelten verändern sich. Was man jahrelang gerne gemacht hat, wird auf einmal als fremd oder langweilig empfunden.

Routine

Im Laufe der Jahre wird im privaten und im beruflichen Alltag manches zur Gewohnheit, zur Routine. Im einen oder anderen Fall kann Routine das Leben als eintönig, langweilig erscheinen lassen.

Routine mussten wir trainieren. Wir mussten lernen, Dinge automatisch, rationell zu erledigen, ohne viel denken zu müssen. Routine hat das Alltagsleben in mancher Beziehung sehr erleichtert. Wie mühsam wäre unser Leben, wenn wir täglich entscheiden müssten, ob und wie wir unsere Morgentoilette machen, wenn wir täglich entscheiden müssten, was wir zum Frühstück essen, wie wir mit den Eltern telefonieren, wie wir unsern Partner, unsere Partnerin verabschieden und begrüssen, auf welchem Weg wir zur Arbeit gehen, bzw. fahren, wie wir mit unseren Arbeitsgeräten umgehen, usw.

So hilfreich Routine ist, so sehr kann sie unser Lebensgefühl beeinträchtigen, kann Beziehungen belasten, gar gefährden. Was wir nur noch gewohnheitsmässig oder gedankenlos tun, kann sinnlos und vor allem seelenlos werden. Wir merken dann nicht, wenn etwas überholt ist. Wenn etwas in der Alltagsroutine, sei es im privaten oder im beruflichen Bereich, seelenlos geworden ist, beginnt es uns zu langweilen. Ist es nicht gerade die von der Alltagsroutine hervorgerufene Langeweile, die uns auf ungelebtes Leben aufmerksam macht? Sie will uns den Impuls geben, unsere Lebens- und Handlungsweise zu überprüfen.

Einiges überholt sich im Laufe der Zeit, ist überflüssig geworden und sollte eigentlich neuem Platz machen. Anderes müsste wiederbelebt werden. Es lohnt sich zu prüfen, was wir gewohnheitsmässig tun, aber in Wirklichkeit für überflüssig und sinnlos halten.

Werte überprüfen

Und wie steht es mit den Wertvorstellungen, die das bisherige Leben bestimmt haben? Ist auch da eine Überprüfung angesagt? Nicht im Sinne eines Gerichtsverfahrens: „Das hast du alles falsch gemacht!“, sondern möglichst unvoreingenommen. Es gilt abzuwägen zwischen dem, was nach wie vor stimmig ist und dem, was sich überlebt hat. Auf was kommt es wirklich an im Leben? Wofür lohnt es sich, jetzt und in Zukunft seine Aufmerksamkeit und seine Kräfte einzusetzen? Worauf will ich mein Leben ausrichten, wenn irgendwann Karriere, wirtschaftlicher Erfolg und was sonst noch alles uns zappeln lässt, an Bedeutung verliert? Irgendwann kommt es nur noch darauf an, wer wir sind, dass wir sind.

Neues wagen

Oft braucht es ebenso viel Mut und Entscheidungskraft, Altes abzulegen wie Neues zu wagen. Es darf sein, dass es nicht von einem Tag auf den andern gelingt, zum Beispiel eine Aufgabe abzugeben, die einem zu viel geworden ist, die aber auch viel Anerkennung gebracht hat. Es darf sein, dass wir etwas Neues ausprobieren und dann feststellen müssen: Das war wohl doch nicht das Richtige. Wenn wir etwas wagen können mit der Erlaubnis, dass es nicht unbedingt gelingen muss, fällt es uns leichter, überhaupt etwas anzupacken. Wenn wir nur mit Erfolgsgarantie etwas wagen, lassen wir viele Chancen ungenutzt. Schlummernde, kaum entwickelte aber vorhandene Fähigkeiten und Interessen werden wir auf diese Weise nie entdecken.

Sicherheitsbedürfnis und Entscheidungsschwierigkeiten

Es wird viel leichter, Entscheidungen zu treffen, wenn man Entscheidungen auch wieder korrigieren darf. Wir Menschen sind darin sehr unterschiedlich. Die allzu Spontanen müssten lernen, bei wichtigen Entscheidungen noch eine Nacht darüber zu schlafen. Die ausgesprochen Sicherheitsbedürftigen, die keine Fehler machen dürften, müssten lernen, sich für Entscheidungen definitive Termine zu setzen und spätestens dann zu handeln. Wichtig ist, überhaupt zu erkennen, was es einem so schwer macht, sich zu entscheiden. Übertrieben Sicherheitsbedürftige, die eine Sache von allen Seiten her und wiederholt prüfen, treffen in der Regel Entscheidungen, zu denen sie stehen können. Wer die Gewohnheit hat, eine Sache zehn oder zwanzig Mal neu durchzudenken, kommt normalerweise nicht zu einem besseren Resultat, als wenn er es bei fünf ernsthaften Überlegungen und Prüfungen beliesse. Ein übertriebenes Sicherheitsbedürfnis kann schuld daran sein, dass wir Wichtiges verpassen. Ganz ohne Risikobereitschaft sind Veränderungen und Entwicklungen blockiert. Leicht übersehen wir, was wir riskieren, wenn wir nichts riskieren wollen - nicht wollen oder nicht können? Dem Nichtkönnen steht immer eine Angst im Wege. - Auf Ängste komme ich später zu sprechen.

Nicht alles ist planbar

Im Leben ist nicht alles genau plan- und berechenbar. Und manchmal lernen wir an uns selbst eine noch unbekannte Seite kennen, wenn wir etwas Neues wagen, auch wenn es nicht gelingt. Man kann auch im Ausschlussverfahren Klarheit gewinnen. Wir sollten es deshalb nicht als Versagen deklarieren, wenn ein Versuch sich als ungeeigneter Weg erweist.

Bei einem Zwischenhalt kann es sein, dass sich eine Aufbruchstimmung bemerkbar macht, wie wir sie nicht erwartet hätten. Insgeheim lockt möglicherweise das Wagnis, noch etwas Neues anzupacken oder einen alten, lang gehegten Wunsch wahr zu machen. Eine gewisse Risikobereitschaft braucht es schon. Über einen Graben kommt man halt nicht mit zwei Schritten.

Früher oder später spüren wir, es ist jetzt Zeit, dem Vermissten vermehrt Aufmerksamkeit zu schenken. Es ist die richtige Zeit, ernsthaft dem nachzugehen, was noch möglich ist. Gleichzeitig ist das auch die Herausforderung, falls wir sie annehmen, Abschied zu nehmen von dem, was endgültig vorbei ist. Aber nicht so wie in der Geschichte vom Fuchs mit den Trauben, die für ihn zu hoch hingen und er deshalb behauptete, sie interessierten ihn nicht, sie seien sowieso sauer. Um süsse Trauben zu bekommen, braucht man nicht unbedingt einen ganzen Rebberg. Ein einziger Rebstock kann schon genügen, um etwas von dem Erträumten kosten und sich daran freuen zu können.

Entdecken, was noch möglich ist

Wer hat denn „die Trauben" zu hoch gehängt? Waren es die Eltern, die Umstände, zum Beispiel mangelnde Finanzen, waren es überhöhte Leistungsansprüche? Und heute? Was ist mit dem Jugendtraum, ein Instrument zu spielen, eine Sprache zu lernen, oder zu malen, zu schreiben, zu tanzen, Theater zu spielen, zu reisen oder

Freundschaften zu pflegen? Die Umstände hatten bisher die Realisierung verhindert. Und jetzt ist es zu spät. Ist es das wirklich? Vielleicht, vielleicht aber auch nicht. Höchst wahrscheinlich ist es nicht mehr möglich, diesen Traum in dem Umfang zu realisieren, wie das vor 20 oder 30 Jahren möglich gewesen wäre. Aber warum denn ganz verzichten?

Vielleicht ist es wirklich nicht mehr möglich, in den Traumberuf umzusteigen, der in all den Jahren seit der Jugend Wunschtraum geblieben ist. Wenn es aber eine Tätigkeit gäbe, die wenigstens einen Teil von dem enthielte, was diesem Berufswunsch entspräche, könnte das auch befriedigend sein. Warum sich nicht ernsthaft auf die Suche danach machen? Es wäre doch schade, eine Chance zu verpassen, die es möglicherweise gegeben hätte. Es gelingt besser, sich in dem einzurichten, was man hat, wenn geklärt ist, dass gewünschte, erträumte Veränderungen nun wirklich nicht realistisch sind.

Die Barriere Leistungsdenken

Beruflich werden die Möglichkeiten enger, je älter wir werden. Wenn es um Freizeitbeschäftigungen geht, muss das nicht so sein. Da sind es oft übertriebenes Leistungsdenken und der Anspruch, perfekt sein zu müssen, die einem im Wege stehen. Sich von Leistungsdenken zu lösen, auch wenn es um Hobbys geht, ist für viele Menschen ein schwieriges Unterfangen. Wandern, Radfahren, Schwimmen, Malen, ein Instrument spielen, schreiben, eine Sprache lernen, irgendeine Bastelarbeit, was immer lockt, schon meldet sich der innere Kritikus: Das schaffst du doch nicht, das lernst du nicht mehr, du wirst nicht mithalten können, damit hättest du früher beginnen sollen! Und wenn man dazu noch eine Anleitung bräuchte, wird es doppelt schwierig. Fachleute, die sich darauf einlassen können, Grundbegriffe ohne Erfolgsdruck zu vermitteln, sind nicht leicht zu finden. Eine engagierte Ärztin war bis 70 von ihrer Praxis voll in Anspruch genommen. Ihr Wunschtraum, Mundharmonika zu spielen, blieb bis dahin ein Traum. Aber aufgegeben hat sie den Traum nie. Nachdem sie die Praxis geschlossen hatte, musste sie einen jungen Mundharmonika-Lehrer überreden, wenigstens einen Versuch mit ihr zu wagen. Was er offensichtlich nicht erwartet hatte war, dass der Versuch schliesslich beiden viel Freude gemacht hat.

Ich kenne viele Menschen, die im höheren Alter, auch mit 60 oder 70, sich solche Träume erfüllt haben. Zum Teil, um es wenigstens probiert zu haben. Wenn es gelingt, sich von der Freude am Tun leiten zu lassen, ist viel mehr möglich, als man erwarten würde. Für viele ist es anfänglich sehr schwierig, sich ganz auf die Freude am Tun zu konzentrieren. Tempo und Ziele ganz von dem bestimmen zu lassen, was gut tut und Freude macht, das muss gelernt sein und es kann gelernt werden. Wenn dies gelingt, ist es nicht mehr nötig, dem nachzutrauern, was endgültig vorbei zu sein scheint und dem, was wirklich vorbei ist wie Karriere und Spitzenleistungen. Und so kann das, was noch möglich ist, viel Freude und Zufriedenheit schenken.

Anregungen zur Selbstreflexion

- Habe ich mir schon ernsthaft überlegt, was mir im Leben wirklich wichtig ist?
- Welche Prioritäten könnte ich mir für den nächsten Lebensabschnitt setzen?
- Wenn ich meinem Leben eine neue Richtung geben möchte, was könnte mir helfen, die nötigen Schritte zu wagen?
- Gibt es unerfüllte berufliche Träume oder andere Ziele, für die die Zeit abgelaufen ist? Was könnte ich davon wenigstens zu einem Teil oder mit etwas Ähnlichem, beispielsweise in einer Freizeitbeschäftigung, realisieren?
- Kann ich mir heute erlauben, wenn nötig gegen meine Erziehung und meine bisherige Lebensvorstellung, Dinge zu tun, die nicht nützlich sein müssen, sondern einfach Freude machen?

4. Geben wir unseren Zukunftsträumen Raum, statt sich an erfolglose Vorsätze zu klammern. Der eine oder andere wird auf diese Weise eher wahr.

Vorsätze sind gut und recht, aber...

Vorsätze haben schon oft dazu beigetragen, dass gar nichts geschieht. Ich bin sicher nicht der Einzige, der in der Kindheit von fromm sein wollenden Erziehern immer wieder den Satz gehört hat: „Der Weg zur Hölle ist mit guten Vorsätzen gepflastert.“ Damals wollte man uns wohl mit Angstmache „helfen“, Vorsätze einzuhalten. Wenn man den Satz wörtlich nimmt, verzichtet man lieber auf Vorsätze, weil man ja, wenn man sie nicht halten kann, in der Hölle landet.

Mit Vorsätzen beauftragen wir sozusagen eine Autorität, die über unserem Alltagsverhalten steht — in der Psychologie nennen wir es Über-Ich —, dafür zu sorgen, dass wir Dinge, die wir schon lange verändern wollten, in die Tat umsetzen. Wir sind es letztlich selber, denen die Selbstdisziplin fehlt. So sind wir schliesslich doppelte Versager, wenn wir es sowohl in der Rolle des „Einpeitschers“ als auch in der Rolle des „braven Kindes“ nicht schaffen, unsere Vorsätze zu halten.

Vorsätze und Schuldgefühle

Vorsätze, die wir nicht umsetzen können, verursachen oft Schuldgefühle. Mit Vorsätzen geben wir uns und eventuell auch anderen gegenüber Versprechungen ab. Und nicht immer sind wir uns bewusst, ob die Voraussetzungen wirklich so sind, dass eine echte Chance besteht, die Vorsätze auch einhalten zu können. Die Erfahrung von wiederholtem Versagen macht mutlos.

Die Frage ist allerdings auch, ob wir überhaupt sinnvolle Vorsätze fassen. Wer im Dauerstress lebt und deshalb zum Kettenraucher geworden ist, wird kaum Erfolg haben mit dem Vorsatz, das Rauchen ab morgen aufzugeben. Er müsste gleichzeitig sowohl seine Arbeits- als auch die Lebensweise ändern, um aus der Sucht aussteigen zu können. Das schafft kaum jemand in einem Zuge. Vorsätze haben nur eine Chance, wenn sie grundsätzlich realisierbar sind. Oft stehen, auf Anhieb nicht sichtbare, Barrieren im Wege, die das Einhalten vor Vorsätzen verhindern. Oft sind es Versagens- und Schuldgefühle, die als Blockade wirken. Wer schon resigniert hat und sich nicht mehr zutraut, dass er es schaffen könnte, zum Beispiel ein Chaos endlich aufzuräumen, gibt schon auf, bevor er begonnen hat.

Zuerst wäre herauszufinden, was diesen Menschen blockiert. Vielleicht war es die Resignation in anderen Dingen, die dieses Chaos erst entstehen liess. Oder es war Überforderung, weshalb einem schliesslich alles über den Kopf gewachsen ist. Und die Scham verbietet, Hilfe anzunehmen. Oder wenn es letztlich ein innerer Protest wäre, gegen irgendwen oder irgend etwas, ohne sich dessen bewusst zu sein? Statt in Selbstverurteilungen zu versinken, wäre es hilfreicher, sich in Ruhe zu fragen, welche Bremse angezogen ist und (noch) nicht gelöst werden konnte. Was hindert uns daran, regelmässig Sport zu treiben, wenn es doch so gut täte? Was hindert uns daran, etwas zu lernen, was wir eigentlich schon lange gerne möchten? Ist es wirklich so, dass ich das möchte, oder ist es eher so: Ich müsste doch ...

Das Bessere ist der Feind des Guten

Auch da ist wieder der Perfektionismus ein rigider Gegenspieler. Es reicht nicht, wenigstens eine Viertelstunde Gymnastik zu machen, zwanzig Minuten zu meditieren, eine halbe Stunde zu üben, wenigstens mal eine Ecke aufzuräumen. Nein, wenn nicht das »vorgeschriebene« Mass oder Ziel erreicht wird — wer immer auch diese Vorschriften macht —, dann hat es ja doch keinen Sinn. Diese Selbstverurteilung ist ein unfairer Gegenspieler, der verhindert, dass wenigstens ein Teil gelingt, ein Anfang von dem, was »man tun müsste«.

Besonders schlimm wirken nicht eingehaltene Vorsätze bei Menschen nach, die als Kind schon ständig als Versager eingestuft und entsprechend behandelt worden sind. Die Sätze: »Das kannst du doch nicht«, »Das lernst du nie«, »Dich kann man zu nichts brauchen«, fallen noch im Erwachsenenleben wie Prügel über einen her, wenn wieder etwas nicht geklappt hat.

«... wirklich arm ist, wer nie geträumt hat«

Statt sich mit Vorsätzen unter Druck zu setzen, lohnt es sich, von Veränderungen und gewünschten Aufbrüchen zu träumen. Warum denn träumen? Ist es nicht problematisch, mit Wunschträumen zu leben, statt die Dinge anzupacken? Um es vorwegzunehmen: Ich rede hier nicht von Menschen, die dauernd „in den Wolken schweben", sondern von solchen, die grundsätzlich einen durchschnittlichen Realitätsbezug haben. Ihre Träume liegen dann auch nicht ausserhalb jeder Realisierungschance. Träume schaffen erstens Zeit, um alle Möglichkeiten fantasieren zu können, ohne sie allzu früh abzublocken mit dem Gedanken: 'Das geht sowieso nicht.' Träumen im guten Sinne hält den Optimismus wach und bewirkt überhaupt eine hohe Wachsamkeit, um Chancen entdecken zu können. Wer so träumt, checkt nicht in erster Linie ab, was nicht geht, sondern vor allem, was und wie es werden könnte.

„Ein Gott ist der Mensch, wenn er träumt, ein Bettler, wenn er nachdenkt", hat Friedrich Hölderlin geschrieben. „Was der Mensch träumt, das gewinnt Gewalt über ihn", meinte ein mir unbekannter Oskar Negt.

Zu träumen - im Zusammenhang mit diesen Überlegungen sind nicht zuerst die Träume im Schlaf gemeint - kann dann fruchtbar werden, wenn dabei der Realitätsbezug nicht verloren geht. In Tagträumen zu versinken kann problematisch werden, wenn dabei die Realität aus den Augen und aus dem Sinn gerät.

Der Fantasie Raum geben

Natürlich ist mitzubedenken, dass viele Träume nicht in Erfüllung gehen. Wir kommen nicht darum herum, von einem und anderen Traum irgendwann Abschied zu nehmen. Träumen muss ja nicht heissen, unsinnige Luftschlösser zu bauen. Träumen heisst in diesem Zusammenhang der Fantasie Raum geben, Zuversicht pflegen, mit allen Sinnen offen sein, damit die Chancen, die sich zeigen, nicht unbeachtet vorüberziehen.

Die Empfehlung, neugierig und träumend auf die Suche nach neuen Lebenswelten zu gehen, weckt Kindheitserinnerungen. Für uns Kinder war die Suche nach vierblättrigem Glücks-Klee mehr als nur Zeitvertreib. Bei uns begann die Suchaktion immer auf dieselbe Weise. Zufällig fand jemand ein solch seltenes Exemplar, zeigte es stolz herum und schon forschten aller Augen eifrig im Gras. Meistens erfolglos. Wir vergassen bald, zu welcher Expedition wir gestartet waren. Wir stöberten Heuschrecken auf und bewunderten ihre Sprünge. Wir liessen Käfer über Grashalme klettern. Wir flochten Blumenkränze, entdeckten vielleicht ein Mäusenest im hohen Gras. Wir hatten Glücksklee gesucht — und eine ganze Welt gefunden. In unserem Leben kann vieles den ersehnten Glücksklee bedeuten: Ein Mann, eine Frau, ein Beruf, eine Karriere, irgendeine Auszeichnung. Wir brauchen solche Ziele. Aber wenn all unser Sinnen darauf festgeklebt bleibt, wie wollen wir dann die Welt darum herum, die uns vielleicht viel mehr zu bieten hat, noch wahrnehmen?

Träumen im guten Sinn hilft auch, immer wieder einmal die Alltagsroutine kritisch zu hinterfragen. Wofür setze ich meine Energien ein? Wo sind meine Ideale geblieben? Wie komme ich in meinem Leben zurecht mit der Differenz zwischen Idealvorstellung und mit real Möglichem? Träumen in diesem Sinne kann helfen, offenzu bleiben für neue Chancen im Leben und gelassen zu leben mit dem, was im Moment ist.

Und vielleicht sollten wir uns ein Wort von Marie von Ebner-Eschenbach zu Herzen nehmen: „Nenne dich nicht arm, weil deine Träume nicht in Erfüllung gegangen sind; wirklich arm ist nur, wer nie geträumt hat.“

Anregungen zur Selbstreflexion

- Habe ich noch Lebensträume?
- Welche Träume, welche Pläne möchte ich bewusst wach halten für den Fall, dass sich irgendwann eine Chance zeigt?
- Gibt es nur alles oder nichts, oder kann ich auch mit Teilerfolgen zufrieden sein?
- Welches sind meine Erfahrungen mit Vorsätzen?
- Wenn ich mit mir ganz ehrlich bin, kann ich sagen: Ich habe mich mit der Realität arrangiert und es ist gut so? Oder lebe ich eher resigniert im Istzustand?
- Sind es Perfektionismus oder Schuldgefühle, die mir den Weg in ein befriedigenderes Leben versperren?

5. Schliessen wir Freundschaft mit unseren Gefühlen und lassen wir bei Entscheidungen Verstand und Gefühle gleichwertig mitreden. Das macht uns menschlich.

Verstand kontra Gefühl?

Viele Menschen haben ein zwiespältiges Verhältnis zu Gefühlen. In der Erziehung war für Generationen von Männern Selbstbeherrschung und Tapferkeit höchstes Gebot. Gefühle zu zeigen, ausser Freude, und auch das nur dezent, war verpönt. Den Mädchen und Frauen wurden zwar Gefühle zugestanden, aber emotional zu sein wurde gleichzeitig mit Schwäche gleichgesetzt. Frauen wurden angehalten, zum Beispiel Enttäuschungen oder Trauer heroisch zu ertragen. Das emotionale Verhalten der Frauen würde sachlich Diskussionen und sachgerechte Entscheidungen verunmöglichen. Das war damals eines der Hauptargumente gegen die Einführung des Frauenstimmrechtes in der Schweiz.

Das alles hat uns, Männer und Frauen, nicht gerade zu Freunden unserer Gefühle gemacht. Die meisten von uns haben gelernt, den Verstand sehr hoch und die Gefühle gering zu schätzen. Manche haben dadurch das Verdrängen von Gefühlen so perfekt eingeübt, dass sie diese schon gar nicht mehr wahrnehmen. Wenn besondere Ereignisse auch nur andeutungsweise Emotionen aktivieren, löst das Angst aus. Es ist die übertriebene Angst, die Selbstkontrolle völlig zu verlieren, wenn man zum Beispiel ein Gefühl der Trauer oder Wut oder Ohnmacht zulassen würde.

Und lassen wir uns nicht täuschen und meinen, dieses Thema sei mit den Tabubrüchen der 68-er Jahre erledigt worden. Das Spielen mit und die Vermarktung von Gefühlen in den Medien hat inzwischen vieles von dem, was als Befreiung gemeint war, wieder zunichte gemacht. Auch wenn viele Menschen heute ein freundlicheres Verhältnis zu ihren Gefühlen haben als noch ihre Eltern, so gilt das keineswegs für alle.

Gefühle sind unsere Freunde

Wer gut gelernt hat Gefühle zu verdrängen, lebt eigentlich in ständiger Furcht vor ihnen, weil sie ihm fremd sind, weil er keine Erfahrung im Umgang mit ihnen hat. Wenn Entscheidungen getroffen werden sollten und Gefühle sich einmischen wollen, kommt die Angst auf, die Emotionen würden den Verstand trüben. In Wirklichkeit treffen wir in der Regel die besseren Entscheidungen, wenn wir Gefühl *und* Verstand befragen. Nicht selten warnt uns das Gefühl, wenn 'vom Kopf her' alles klar zu sein scheint. Ein Beispiel: Abmachungen und Vertrag sind o.k. Da gibt es nichts zu bemängeln. Aber die Person wirkt nicht vertrauenswürdig, obwohl keine konkreten Anhaltspunkte vorliegen. Oder: Der Verstand reagiert ängstlich, während das Gefühl klar positive Signale gibt. Zum Beispiel: Der Plan spricht an, vielleicht könnte ein lang gehegter Wunsch in Erfüllung gehen, — aber, meldet sich eine innere Stimme: „der Vater hat immer gesagt ...", und blockiert den nötigen Schritt.

Wenn wir Verstand *und* Gefühl mitreden lassen, treffen wir in der Regel vernünftige Entscheidungen. Der Verstand allein ist eben nicht die Vernunft.

„Ich will Freundschaft schliessen mit meinen Gefühlen." Dazu ermunterte uns Ulrich Schaffer in einem kleinen Büchlein mit diesem Titel. Es lohnt sich, seinem Rat zu folgen. „Wir lernen, mit unseren Gefühlen umzugehen, wenn wir unsere Innenwelt wichtiger nehmen und sie besser kennenlernen. Alle Emotionen haben ihre Bedeutung und ihren Wert. Ich entziehe ihnen aber die Würde, wenn ich sie frei und hemmungslos ausarten lasse. Eingeordnet in die Ganzheit meiner Person sind sie unersetzbar wichtig. Sie füllen das Leben und geben ihm Farbe."

Gefühle haben, Gefühle leben

Gefühle zu haben ist eine Sache, Gefühle zu zeigen eine andere. Freundschaft schliessen mit seinen Gefühlen bedeutet nicht, alle Gefühle hemmungslos und unkontrolliert auszuleben, wenn möglich auf Kosten und zum Schaden von andern. Es heisst, sie wahrzunehmen, sie zu akzeptieren, ihnen sinnvollen Raum zu geben, mit ihnen vertraut zu sein. So können sie ihre Aufgabe erfüllen. Zum Beispiel der Ärger:

Er macht uns auf ungute Situationen aufmerksam. Wir können Ärger als Aufforderung verstehen, hin zu schauen, was nicht gut ist. Vielleicht geht es darum, sich zu wehren, jemandem Grenzen zu setzen. Vielleicht sind wir übermüdet, und der Ärger über Kleinigkeiten mahnt Erholungspausen an oder verlangt Überprüfung der Arbeits- und Lebensweise.

Wie gesagt, Gefühle zu haben ist eine Sache, Gefühle zu zeigen eine andere. Ein Freudensprung anlässlich eines tollen Geburtstagsgeschenkes wäre ein eindrückliches Dankeschön. Wenn wir einen Verlust verarbeiten müssen, dürften wir für andere wahrnehmbar enttäuscht, traurig oder auch ärgerlich sein. Nur, wenn wir unsere Gefühle und ihre Auslöser kennen und verstehen, können wir unser Erleben und seine Gründe auch andern verständlich machen.

Wenn Gefühle sich selbstständig machen

Vor allem Gefühle mit einem negativen Image werden oft verdrängt. Gefühle, die wir ablehnen und verstecken, äussern sich früher oder später unkontrolliert. Da ist zum Beispiel die Situation am Arbeitsplatz frustrierend geworden. Weil das nicht sein dürfte, werden Enttäuschung und Ärger unterdrückt. Den Ärger bekommen dann irgendwelche Leute zu spüren, mit denen man zufällig zusammentrifft. Wer hat nicht schon unverständliche Aggressionen von einem Kollegen, einer Kollegin abbekommen. Und irgendwann wurde klar, dass Unzufriedenheit im persönlichen Bereich sich auf diese Weise Luft verschaffte, was für beide Seiten nicht hilfreich ist. Das Gefühl wird auf zufällig Anwesende übertragen. Das nennt die Psychologie Projektion. Angehörige und Pflegende von alten Menschen erfahren es oft genug, wie schwierig der Umgang mit Menschen sein kann, die ihren Ärger und ihre Enttäuschungen über ihr Altsein, ihre Hilfsbedürftigkeit, über das, worunter sie leiden, nicht zugeben können. Der Ärger und die Unzufriedenheit übertragen sich dann auf das Essen, auf die Pflege, auf Mitbewohnerinnen und Mitbewohner, auf alles Mögliche. Und manche erleben dann, wie befreiend es wirken kann, wenn diese schwierigen Gefühle im eigentlichen Zusammenhang gelebt und verständlich gemacht werden können.

Es ist auch nicht immer einfach, die Zusammenhänge von eigenen Emotionen und Reaktionen zu erkennen, selbst zu verstehen, zu ihnen zu stehen und sie andern verständlich zu machen. Wir machen es uns und andern einfacher, wenn wir uns schon in jüngeren Jahren darum bemühen.

Die Gefühlswelten können sehr verschieden sein

Wer jahrelang trainiert hat, seine Gefühle zu unterdrücken, lernt es vielleicht nie mehr, sie ganz spontan zu äussern. Es kann sein, dass sich jemand riesig freut, aber selbst Nahestehende nehmen es kaum wahr. Tiefe Prägungen lassen sich oft nicht mehr total verändern. Aber auch kleine Schritte zu grösserer emotionaler Lebendigkeit bereichern das Leben.

Eingeschränkte emotionale Ausdrucksfähigkeit ist zwar ein Nachteil, aber damit lässt es sich leben. Es setzt in Beziehungen allerdings voraus, dass man lernt, sich verbal verständlich zu machen. In unseren Breitengraden sind es erziehungsbedingt und erfahrungsgemäss die Frauen, die ihre Gefühle leichter als die Männer leben und ausdrücken können. Aber auch da besteht die Gefahr, eine Norm daraus zu machen. Es kann auch umgekehrt sein. Manche Beziehungen wären befriedigender oder gar erhalten geblieben, wenn die Beteiligten auch subtile Gefühlsäusserungen wahrnehmen und verstehen könnten. Ein trauriges Beispiel sind die vielen Paarbeziehungen, die infolge eines dramatischen Todesfalles in der Familie zerbrochen sind. Der Grund ist häufig die sehr unterschiedliche Art der Trauer der Betroffenen. Dadurch kann es leicht geschehen, dass sich beiden unverstanden und allein gelassen fühlen und sich wie Fremde erleben. In Wirklichkeit ist ihr inneres Erleben nahe beieinander. Aber der Blick der Trauernden kann so getrübt sein, dass die beiden ohne Hilfe die Gemeinsamkeit nicht erkennen können.

Heilsame Trauer zulassen

Jeder hat ab und zu Grund zur Trauer. Aber viele von uns haben nicht gelernt oder verlernt, Trauer zu akzeptieren und mit ihr, der eigenen und der fremden, umzugehen. Härte ist mehr gefragt als Weichheit. Aber Härte, sich und andern gegenüber, wirkt sich auf die Dauer fatal aus. Trauer räumt uns Zeit ein, den Schmerz zuzulassen und allmählich abklingen zu lassen. Trauer möchte uns weich machen, auch empfindsam für das Gute und Schöne im Bescheidenen und Einfachen, eben für das Wesentliche. Verdrängte Trauer aber macht hart. Trauer ist auch so etwas wie eine chemische Lösung, in der sich die Härte eines Schicksalsschlages allmählich zersetzt. Trauer und Melancholie öffnen die Welt des Gemüthaften. Sie sind wie eine Wolke, die Trauernde schützend umhüllt. Und sie halten die hektische Umwelt von ihnen fern. Die Tiefe der Trauer und der Grad des Schmerzes zeigen uns auch den Wert dessen auf, was wir verloren haben. Trauer braucht Zeit und fordert ein vorübergehendes Zurückstellen von nicht dringenden Aktivitäten.

Was Enttäuschung, Wut und Neid uns sagen können

Nicht nur Trauer, auch Wut, Zorn, Neid und Enttäuschung sind schwierige Gefühle. Sie alle weisen auf etwas Schmerzliches, Ungutes, vielleicht auf ein Unrecht hin, das uns widerfahren ist. Vielleicht zeigen sie auf, was uns fehlt, das andere haben. Sie fordern uns auf, wahrzunehmen, was uns widerfahren ist, und angemessen darauf zu reagieren. Jedenfalls sollten wir diese Gefühle wahrnehmen und versuchen, ihre Gründe klar zu verstehen. Entweder fordern sie uns auf, in irgendeiner Sache klar Stellung zu beziehen. Oder vielleicht geht es darum, sich vor bestimmten Situationen und Personen und ihrem Verhalten zu schützen. Aggression, "eine Wut im Bauch", ist eine Energie, die uns zu Aktionen befähigen kann, die wir ohne sie nicht schaffen würden. Wenn wir bewusst damit umgehen, können wir sie kontrollieren und Destruktivität verhindern. Unkontrollierte Aggressionen schaden bekanntlich allen Beteiligten. Jedoch bewusst eingesetzt, erleichtern sie uns letztlich das Leben.

Enttäuschung bedeutet bekanntlich, sich vorher getäuscht zu haben. Enttäuschung ist der Moment, in dem wir die Realität erkennen. Sie bietet uns die Chance, in Zukunft von dem auszugehen, was wirklich ist. Weil Enttäuschungen wehtun, möchten wir auch andere nicht enttäuschen. Aber ist es nicht so, dass wir jemanden täuschen, wenn wir ungute Realitäten nicht zur Sprache bringen?

Gefühle gehören zum gesunden Menschsein. Erlauben wir uns also, unsere Gefühle zuzulassen, versuchen wir sie zu verstehen und gestehen wir ihnen das gleiche Recht wie der Stimme des Verstandes zu. Wir treffen die besten Entscheidungen, wenn wir Verstand und Gefühl mitreden lassen. Die lebendigen Gefühle sind im Alter vieler Menschen der intensivste Anteil an Leben. Wenn wir schon früher lernen, unsere Gefühle wahr- und anzunehmen, wird es weniger schwierig sein, unsere Gefühlen auch unter den Augen von andern zu leben.

Anregungen zur Selbstreflexion

- Wie wurde in meiner Herkunftsfamilie mit Gefühlen umgegangen?
- Welche Beziehung habe ich zu meinen Gefühlen? Kann ich sie annehmen als etwas, das zu mir, zu meiner Persönlichkeit gehört? Machen mir manche Gefühle Angst?
- Welchen Umgang mit meinen Gefühlen habe ich mir angeeignet?
- Wurde ich in meinen Gefühlen so verletzt, dass ich mich gut, vielleicht übertrieben, schützen muss? Habe ich vielleicht emotionale Blockaden, die gelöst werden sollten?
- Kann ich frei entscheiden, wem ich meine Gefühle zeige und vor wem ich sie verberge?

6. Machen wir uns mit unseren Ängsten vertraut. Jeder Schritt, den wir trotz Angst tun, ist ein Schritt in ein freieres Leben.

»Angst haben und frei sein«

Das ist der Titel eines uralten Büchleins, das in meiner Bibliothek steht. Und das bleibt dort, nur des Titels wegen. Angst haben und frei sein, das mag paradox klingen. Entweder man hat Angst, oder man fühlt sich frei, ist die verbreitete Meinung. Diese Haltung kann verhängnisvolle Folgen haben. Der Verfasser des erwähnten Büchleins wollte dazu motivieren, sich mit Angst vertraut machen, mit Angst leben zu lernen, sich von ihr nicht fesseln zu lassen.

Damit sind nicht Angstverdrängung und riskantes Spielen mit der warnenden Angst gemeint, wie dies in unserer heutigen Gesellschaft verbreitet ist. Diese Haltung ist speziell in der Spitzenleistungsgesellschaft, sei es in der Wirtschaft, im Spitzensport und auch in vielen Freizeitbeschäftigungen verbreitet. Über die Folgen davon berichten die Medien häufig. Da wird über Zusammenbrüche, über Burn-out, über Gewaltexzesse und alle möglichen Dramen berichtet. Dass sie oft die Folge von verdrängten warnenden Ängsten sind, findet jedoch kaum Erwähnung.

Verdrängte Ängste können uns ernsthaft gefährden. Richard Reich hatte vor Jahren im NZZ-Folio ein eindrückliches und erschreckendes Beispiel von verdrängter Angst beschrieben. Es ist die tragische Geschichte eines erfolgreichen Skispringers. Der scheinbar unerschrockene Sportler, der von Sieg zu Sieg sprang, wurde eines Tages plötzlich von einer unheimlichen Angst gepackt. Plötzlich war sie da, diese Angst, und der junge Mann erbleichte. Er schrie auf, schluchzte und begann, blind um sich zu schlagen. Bis zur Besinnungslosigkeit. Es war die verdrängte Angst, die ihn eingeholt hatte. Das ist zwar ein extremes Beispiel. Aber es zeigt auf, welche Macht verdrängte Angst über einen Menschen gewinnen kann.

So dramatisch muss sich verdrängte Angst nicht immer auswirken. Aber solche Erfahrungen weisen darauf hin, wie wichtig es ist, Ängste wahrzunehmen, zu klären und sich zu fragen, was sie zu sagen haben. Es gilt, sie zu verstehen und zu unterscheiden, welche Aufgabe uns irrationale Ängste stellen und wovor uns reale Ängste schützen wollen. Ein Extrembergsteiger hat in einem Interview gesagt, sich seiner Angst ständig bewusst zu sein, sei in extremen Situationen überlebenswichtig.

Ängste sind Überlebenshilfen

Ängste bestimmen in vielen Teilen unser Leben. Ängste helfen uns überleben, indem sie uns zur Vorsicht mahnen. Ängste können in unserem Leben die Funktion von Sklaventreibern und Gefängniswärtern einnehmen. Irrationale, inadäquate Ängste können jede Veränderung und Entwicklung blockieren. Anderseits können Ängste hilfreiche Begleiter sein. Adäquate Ängste sind, nach der Definition von Dörner/Plog, in ihrem Buch „Irren ist menschlich", „eine bestimmte Aufmerksamkeitsmenge für Gefahren". Ob unsere Ängste inadäquat sind oder auf reale Risiken aufmerksam machen wollen, das können wir nur feststellen, wenn wir uns mit unseren Ängsten vertraut machen. Diese Erkenntnis bleibt dem verborgen, der seine Ängste wie lästige Plagegeister behandelt. Für den sinnvollen Umgang mit Angst ist wesentlich, dass wir unterscheiden lernen, zwischen Ängsten, die bloss einschüchtern wollen und solchen, die uns helfen, vorsichtig und bewusst unsere Wege zu gehen. Manche Ängste sind begründet, andere sind es nicht.

Trotz Ängsten (s)einen Weg gehen

Trotz Ängsten (s)einen Weg gehen zu können, hat viel mit Vertrauen zu tun. Kann ich andern trauen, kann ich mir selber trauen? Was traue ich mir zu? Habe ich Vertrauen ins Leben? Eine Hängebrücke über einen Bergbach ist meist absolut sicher, auch wenn sie beim Überqueren schwankt. Ob ich es schaffe, die Brücke trotz der Angst zu überqueren, hängt davon ab, ob ich den Brückenbauern vertraue und ob ich mir zutraue, die Angst auszuhalten, bis ich am andern Ufer bin. Wer sich von der

Angst vor der schwankenden Brücke nicht aufhalten lässt, dem öffnet sich eine weitere Welt. Wenn aber die Angst den Weg blockiert, dann lohnt es sich, dem nachzugehen, woher sie kommt und warum sie so viel Macht hat.

Mancher schwierige, neue Schritt im Leben hat Ähnlichkeiten mit einem Weg über eine Hängebrücke. Ein anderes Bild dafür wäre das Auswandern in ein anderes Land mit einer anderen Sprache, einer anderen Kultur. Die Zeit des Überganges verunsichert. Bisherige Sicherheit gerät ins Wanken, bis man am neuen Ort wieder festen Boden unter den Füssen spürt. Das ist ganz normal und gesund. In unserem Leben sind viele Übergänge von einer Lebensphase in die andere zu bewältigen. Anspruchsvoll sind sie immer, ob wir freiwillig aufbrechen, weil im privaten und beruflichen Bereich Änderungen anstehen, oder ob uns die Umstände dazu zwingen.

Angst vor Veränderung - Angst vor Beständigkeit

Oft sind es Ängste, die nötige Entscheidungen verhindern, die Chancen verbauen, neue Wege blockieren.

Wir Menschen sind ganz verschieden veranlagt. Die einen können Beständigkeit schwer aushalten. Veränderungen sind erwünscht und spontane Entscheidungen fallen leicht. Wem es aber im Gewohnten am wohlsten ist, dem fallen Veränderungen schwer. Eine Entscheidung ist ja immer ein Schritt aus dem Gewohnten heraus, und das verunsichert.

Die Angst, Fehler zu machen

Ein anderes Hemmnis, Entscheidungen zu treffen, ist die Angst, Fehler zu machen. Fehler machen gehört aber zu unserem Leben. Schliesslich haben wir in all den Jahren auch einiges aus Fehlern gelernt. Man sollte nur nicht immer wieder den gleichen Fehler wiederholen.

Viele Menschen haben die Tendenz, stur weiter zu gehen, wenn sie sich auf einer Wanderung im Weg geirrt und sich verirrt haben. Vernünftig wäre, umzukehren, zu einem bekannten Punkt zurückzugehen und von da aus neu zu starten. Wenn man mit dem Auto in eine Sackgasse geraten ist, ist es wenig sinnvoll, geradeaus weiter zu fahren, womöglich bis zu einem Punkt, wo man nicht mehr wenden kann. Es gibt Autofahrer, die noch die längste Zeit den Motor sinnlos aufheulen lassen, wenn sie im Morast oder im Schnee stecken geblieben sind, so lange, bis überhaupt nichts mehr geht. Manchmal ist das die Folge davon, keine Fehler machen zu dürfen. Oder es ist eine reine Angstreaktion.

Im Älterwerden spielt unsere Grundangst beziehungsweise unser Grundwohlbefinden eine noch grössere Rolle als in jüngeren Jahren. Wer ein Leben lang durch Beweglichkeit aufgefallen ist, bei wem immer etwas laufen musste, der braucht immer wieder Veränderung, um zufrieden sein zu können. Ihm fällt es leichter, auch in späteren Jahren sich auf Neues einzulassen. Angstbeladen ist für ihn viel mehr die Vorstellung, Einschränkungen hinnehmen zu müssen. Dem »häuslichen« Typ fallen Veränderungen schwerer, er braucht länger, sich an Neues, zum Beispiel an eine neue Umgebung, an neue Menschen zu gewöhnen. Wenn er es geschafft hat, kann er sich wieder heimisch fühlen.

Überwindung von Angstbarrieren braucht Zeit

So oder so, Veränderungen brauchen Zeit. Je älter wir werden, um so länger brauchen wir, um uns auf Neues einstellen zu können. Und wenn Ängste uns verunsichern, brauchen wir halt noch etwas länger, bis wir bereit und in der Lage sind, den nächsten Schritt zu tun. Oft ist es das Umfeld, das ungeduldig auf rasche Entscheidungen drängt. Anstehende Veränderungen sind ein „Problem“, und Probleme sollten rasch aus der Welt geschafft werden, damit der gewohnte Alltag ungestört weitergehen kann.

Sich die Zeit zuzugestehen, die wir für die Einstellung auf Veränderungen brauchen, dazu müssen wir uns selbst die Erlaubnis geben. Das ist dann besonders wichtig, wenn die Menschen in unserem Beziehungsfeld uns wenig oder kein Verständnis entgegenbringen. Wir schaffen es, auch mit grossen Veränderungen fertig zu werden, wenn wir gelernt haben, in aller Bescheidenheit zu unseren Ängsten zu stehen.

Das gelingt uns besser, wenn wir unsere Ängste kennen und Zeiten der Verunsicherung aushalten können. Das ist eine ganz andere Lebenshaltung als jene, die Eugen Drewermann in seinem Buch „Das Markus Evangelium“ so beschreibt: „Gewiss treffen wir schon an der nächsten Ecke auf Leute, die in scheinbarer Sicherheit dastehen und unbeirrt wissen, wo es langgeht. Warum aber lassen wir uns von ihrer Grosstuerei derartig unter Druck setzen? Warum hören wir nicht gerade bei den lautesten Schreiern, wie ihre Stimme zittert vor Angst? Warum hören wir nicht gerade bei den Tonangebern, wieviel an Angst sie mit ihrem Geschrei überbrüllen, nicht anders als der kleine Junge, der in den Keller geht und pfeift? Warum sehen wir nicht in den Fäusten, die sich ballen, zunächst die Hände, wie sie zittern? Warum sehen wir überhaupt bei all den Leuten, die so gross dastehen, nicht in aller Deutlichkeit, wie klein sie in Wahrheit sind?“

Letztlich geht es gerade im Zusammenhang mit Ängsten um den Mut, zu den eigenen Gefühlen zu stehen. Gefühlen kann man nicht befehlen. Ängste haben ihre Berechtigung, auch wenn sie uns selber und andern nicht gefallen. Ängste können unsere Freunde und Helfer sein, wenn wir sie ernst nehmen, ihre Bedeutung beachten, aber uns von ihnen nicht beherrschen lassen.

Wer traumatische Ängste durchgestanden, sie aber nie aufgearbeitet hat, holt das mit Vorteil bald nach. Denn wenn einmal die psychischen Kräfte nachlassen, können sich unverarbeitete Erfahrungen unangenehm bemerkbar machen.

Angst macht uns menschlich

Wer sich mit seinen Ängsten und Sorgen vertraut gemacht und gelernt hat, mit ihnen umzugehen, kann auch für andere ein Vorbild sein. Sorge sei gleichzeitig auch Angst, sagt Martin Heidegger. Sorge sei das grundlegend konstituierende Phänomen menschlicher Existenz. Oder anders gesagt, Sorge ist das, was den Menschen menschlich macht. Und wer möchte nicht menschlich sein?

Wenn der Begleiter Angst in den richtigen Momenten zur Vorsicht mahnt, kann ich ihm danke sagen. Wenn der Begleiter Angst ein überängstlicher Kumpane ist, wird er lästig und hinderlich und verbaut viele Wege. Wer sich mit seinen Ängsten vertraut gemacht hat, kann auf die warnende Stimme hören, trifft aber seine eigenen Entscheidungen.

Anregungen zur Selbstreflexion

- Welche Muster im Umgang mit Ängsten habe ich aus meiner Kindheit mitgenommen ins Erwachsenenalter? Welche davon sind tauglich, welche untauglich?
- Zähle ich mich eher zu den ängstlichen oder eher zu den besonders mutigen Menschen?
- Habe ich brauchbare Strategien, um Angst als Gefahrenkontrolle zu nutzen? Gibt es Angstmomente, die mich in meinem Leben ungebührlich einschränken? Haben mir Ängste schon wichtige Wege versperrt?
- Dürfen Partnerin, Partner und andere Angehörige, dürfen Freunde meine Ängste kennen?
- Wie steht es um mein Vertrauen in mich, in meine Fähigkeiten, in Mitmenschen, ins Leben überhaupt? Kann mich das Vertrauen in angstbestimmten Situationen im Gleichgewicht halten oder mich wieder ins Gleichgewicht bringen?

Ohne Vertrauen keine Risikobereitschaft

Loslassen zu können setzt die Bereitschaft und Fähigkeit voraus, ein Risiko eingehen zu können. Ein Risiko wagen können setzt Vertrauen voraus. Zum Beispiel das Vertrauen in die eigene Fähigkeit, den Sprung über den Graben zu schaffen, das Vertrauen darauf, dass der Pfosten oder die Hand auf der anderen Seite zuverlässig sind, dass sie wirklich Halt bieten. Gefordert ist das Vertrauen in sich und seine Fähigkeiten, auch in unbekanntem Gelände einen gangbaren Weg finden und neue Aufgaben bewältigen zu können. Es braucht das Vertrauen, sich in einer neuen Umgebung zurechtfinden und sich mit unbekannten Menschen arrangieren zu können.

Vertrauen heisst auch, Vorsicht walten zu lassen, ohne misstrauisch zu sein. Vorsicht kann erste Eindrücke überprüfen und ist gleichzeitig offen für überzeugende Argumente. Misstrauen hingegen bleibt an den ersten beängstigenden Eindrücken hängen, ist vernünftigen Überlegungen gegenüber verschlossen. Vertrauen lässt Beobachtungen und Begründungen zu, zum Beispiel, dass die Hängebrücke gefahrlos begangen werden kann, auch wenn sie schwankt. Misstrauen aber bleibt in den Ängsten stecken.

Abbrüche, Aufbrüche

Wir alle kennen Menschen, deren Leben durch ein schwieriges Ereignis grundlegend verändert worden ist. Zum Beispiel durch den Verlust der Arbeitsstelle, den Bruch einer Beziehung, einen knapp überlebten Unglücksfall, eine schwere Krankheit, den Tod eines geliebten Menschen. All das sind schmerzhafte Einbrüche ins Leben, ja Abbrüche. Sie sind unabänderlich. Es gibt kein Zurück. Und diese Schicksalsschläge verwunden die Seele. Die Wunden können zwar heilen. Narben — es gibt auch Narben der Seele — bleiben zurück. Und je schwerer die Verwundung, je grösser und spürbarer sind die Narben.

Wir sind immer wieder überrascht, wie die einen Menschen nach schweren Einbrüchen im Leben, selbst nach traumatischen Erfahrungen, erstaunlich gut weiterleben können. Sie schaffen den Sprung über den Abgrund, den Schritt in eine unbekannte Zukunft, und sie können aufbrechen in ein neues Leben.

Während bei den Einen nach einer gewissen Zeit das Leben wieder an Kraft gewinnt, bleibt bei den Andern das Leben stehen. Wir fragen uns, wie das sein kann und was denn aus der Blockade heraushelfen könnte.

»Du musst halt loslassen!« - die Ungeduld der andern

Wer in Enttäuschung und im Schmerz gefangen ist, bekommt von hilfsbereiten Mitmenschen bald einmal den ungeduldigen Rat: »Du musst halt loslassen!« Von so Geplagten werde ich dann oft gefragt: »Wie macht man das, loslassen?«

Diese Frage will ich so nicht beantworten. Das Wort »machen« ist in diesem Zusammenhang unpassend. »Machen« passt zu Technik, verlangt ein »Rezept«. Wenn man alles richtig macht, dann ist der Erfolg gewiss.

Bei seelischen Schwierigkeiten, Verletzungen, Blockaden ist eine berechtigte Frage: »Was kann ich tun?« Im Bereich der körperlichen Gesundheit setzt sich immer mehr die Einsicht durch, dass zusätzlich zu dem, was die Medizin machen kann, auch der Patient etwas tun kann, was seine Heilung fördert.

Was kann jemand tun nach einer schweren seelischen Verwundung? Das erste ist, sich Zeit lassen. Es braucht Zeit, bis der Schmerz abklingt, bis eine Wunde heilt. Es tut gut und ist heilsam, in der Klage den Schmerz zu äussern. Nicht umsonst nehmen die Klagepsalmen und das Buch Hiob einen so wichtigen Platz in der Bibel ein.

Schmerz braucht Zeit

Der Schmerz braucht Zeit, um abklingen zu können, die Klage braucht ihren Raum, damit ein Mensch sich vom schmerzhaften Ereignis lösen und sich wieder auf den weiteren Lebens-Weg machen kann. Betroffene bräuchten Mitmenschen, die ihnen Raum zur Klage geben, die Klage aushalten können. Oft aber sind es diejenigen, die helfen wollen, die den Klagenden zusätzlich mit der eigenen Ungeduld belasten. Mit sich selbst geduldig sein ist schon schwer genug. Sich zuerst einmal Zeit zu lassen und zu versuchen auszuhalten, das ist ein passives Tun, was zwar schwierig aber wichtig ist.

Was kann ein Mensch aktiv tun? Wenn die Betäubung nachlässt, kann er sich darum bemühen, immer wieder bewusst den Blick auf das zu richten, was ihm geblieben ist, was (noch) vor ihm liegt. Je nach Schwere des Unglücks, des Verlustes kann es Monate, ja Jahre dauern, bis das möglich wird. Und es ist nicht Sache von Nichtbetroffenen zu entscheiden, wann das sein kann oder gar sein muss, dass jemand loslassen und sich Neuem zuwenden kann.

Loslassen. Was bedeutet das eigentlich, los lassen? Es meint, akzeptieren zu können, was geschehen ist, das heisst verzeihen zu können, wenn andere versagt haben, schuldig geworden sind. Loslassen heisst, auf das Verlorene verzichten zu können. Loslassen heisst aber auch, vertrauen zu können, Hoffnung zu haben, dass es weiter gehen kann. Loslassen ist in so schweren Lebenssituationen nicht der Akt eines Momentes, vielmehr eine Übung, oft eine lange Übung, die in kleinen Schritten weiter führt.

Loslassen ist nicht dasselbe wie vergessen

Schwere Schicksalsschläge kann man nie wirklich vergessen. Loslassen ist nicht vergessen. Es bedeutet vielmehr, schwierige Erfahrungen hinter sich zu lassen und vorwärts zu schauen und vorwärtsgehen zu können. Die Erinnerung an das Geschehene wird bleiben, aber mit der Zeit verblassen. In bestimmten Momenten kann es plötzlich wieder vor Augen stehen, als wäre es gestern gewesen. Aber es wird dem Weitergehen nicht mehr im Wege stehen. Es wird nur noch zu einem vorübergehenden Innehalten zwingen.

Loslassen heisst vor allem auch, sich von Ängsten nicht aufhalten zu lassen. Mancher Schicksalsschlag verlangt den Aufbruch ins Unbekannte. »Wie soll das nur weitergehen?« »Ich werde das nie schaffen!« In solchen Aussagen Betroffener spiegelt sich die Angst vor dem Unbekannten. Das von Jesus oft ausgesprochene: »Fürchtet Euch nicht!« bedeutet nicht, die Menschen dürften keine Angst haben, ist keine Aufforderung, die Angst zu verdrängen; es ist vielmehr die Aufforderung, sich von der Angst nicht aufhalten, nicht bestimmen zu lassen. Dass Angst und Vertrauen einander nicht ausschliessen müssen, das ist eindrücklich dargestellt in der biblischen Geschichte von Petrus, der übers Wasser geht. Diese Geschichte kann für Menschen, deren Schicksal einen Aufbruch ins Ungewisse fordert, tröstlich sein: Sie zeigt, welche Chancen sich im Vertrauen-Können auftun.

Vertrauen ist eine verletzliche Pflanze

Für Menschen, die von andern schwer enttäuscht worden sind, ist es besonders schwer, Schicksalsschläge zu verkraften, Verlorenes loszulassen und sich den verbliebenen Möglichkeiten zuzuwenden. Ihr Vertrauen in Mitmenschen und ins Leben überhaupt ist erschüttert. Sie brauchen dann oft viele Erfahrungen von mitmenschlichen Händen, die sie immer wieder auffangen. Sie sind auf andere angewiesen, die für sie die Hoffnung pflegen und darauf vertrauen, dass es nicht den Untergang bedeuten muss, wenn jemand »den Boden unter den Füssen verloren hat«.

Im Grunde wissen wir alle von den möglichen Schwierigkeiten und Einbrüchen, die uns das Leben bringen kann. Und wir wissen alle um die Endlichkeit unseres Lebens. Wir können dieses Wissen verdrängen, so tun, als ob es dies nicht gäbe. Wir können uns aber auch darum bemühen, uns darauf einzustellen, dass Leben auch ein ständiges Abschied-Nehmen und Loslassen ist. Zu den einfachen Dingen des Lebens gehört diese Tatsache nicht, auch dann nicht, wenn wir die Fähigkeit, vertrauen und hoffen zu können, nicht verloren haben.

Ein erschüttertes oder gar verlorenes Vertrauen zurückzugewinnen, ist eine schwierige Aufgabe für die Betroffenen. Das ist sie aber auch für diejenigen, die helfen möchten, Vertrauen wieder aufzubauen. Dazu sind viel Geduld und dosiertes Wagnis nötig. Wieder wachsendes Vertrauen ist noch lange ein empfindliches Pflänzchen. Vertrauen ist nicht ein Wissen oder Können. Vertrauen ist eine Erfahrung. Aber ein genügendes Mass an Erfahrung gibt Gewissheit.

Vertrauen ist das Gegengewicht zur Angst, das uns in den Stürmen des Lebens im Gleichgewicht hält oder wieder ins Gleichgewicht bringt. Darum lohnt sich, das Vertrauen zu pflegen, bewusst zu pflegen, was Vertrauen gibt und Vertrauen stärkt.

Anregungen zur Selbstreflexion

- Habe ich schon einmal darüber nachgedacht, wie es um mein Vertrauen steht, worauf sich mein Vertrauen stützt?
- Wurde mein Vertrauen in mich selber und/oder in andere Menschen schwer enttäuscht? Haben mich Enttäuschungen durch Menschen generell misstrauisch gemacht, oder kann ich unterscheiden, wer Vertrauen verdient und wer nicht?
- Wurde ich schon enttäuscht, weil ich zu gutgläubig, zu unkritisch war? Kann ich unterscheiden zwischen Vorsicht und Misstrauen?
- Wie steht es um meine Risikobereitschaft? Wage ich neue Schritte, auch wenn ich mich nicht in jeder Beziehung absichern kann?
- Wer könnte für mich eine (ev. professionelle) Vertrauensperson sein?

8. Lernen wir unsere Körpersignale kennen und verstehen. Sie sagen uns, was uns schadet und was uns gut tut.

Die Sprache des Körpers

Körpersignale wahrzunehmen und zu verstehen gehört nicht zum durchschnittlichen Bildungsniveau. Körpersignale zu ignorieren ist sehr verbreitet, nicht nur unter äusserem Zwang. In jungen Jahren kann ein Mensch viel aushalten. Wer intensiv Sport getrieben hat, hat gelernt, die Schmerzgrenze immer wieder zu überschreiten. Andere sind über Jahre familiär oder beruflich so gefordert, dass körperliche Warnsignale ausgeblendet werden, um durchzuhalten. Auch ein falsch verstandener Anspruch an Tapferkeit kann dazu geführt haben, Körpersignale zu verdrängen. Ebenso riskant ist es, körperliche Reaktionen auf psychischen Schmerz zu missachten. Mit einem gewissen Mass an Training kann ein Mensch die Schmerzwahrnehmung praktisch auf null reduzieren. Allerdings nicht für immer. Ein Kind, das von seinem Vater ständig geschlagen wird, kann sich unter Umständen so darauf einstellen, dass es die Schläge stoisch über sich ergehen lassen kann und den Schmerz nicht mehr wahrnimmt. Das hat allerdings mit der Zeit verheerende Folgen.

Körpersignale zu ignorieren, ist riskant

Gewisse antrainierte Verhaltensweisen können auf Dauer unsere Gesundheit belasten oder gar gefährden. Zum Beispiel kann es uns krank machen, wenn wir eigene Bedürfnisse zugunsten anderer bis zur unkritischen Selbstaufgabe unterdrücken. Übermässiges Harmoniebestreben um jeden Preis zwingt dazu, schwierige Gefühle nicht zuzulassen, Aggressionen hinunter zu schlucken, um „den Frieden" um jeden Preis zu erhalten. Krank machen kann auch die Abwertung von Gefühlen bis zur Unfähigkeit, Gefühle wahrzunehmen. Perfektionismus, fehlerlos sein zu müssen und ebensolche Ansprüche an andere zu stellen, kann zur Qual werden. Übertriebenes

Leistungsstreben, um entsprechend hohe Anerkennung zu bekommen, kann für die Gesundheit gefährlich werden. Bleibt der erwartete Erfolg aus, zwingt die Frustration zu immer höherer und schliesslich nicht mehr erfüllbarer Leistung. Unter einem übertriebenen Anpassungszwang, der von einseitigen Regeln und Normen diktiert wird, vergewaltigt der Mensch sich selbst. Mit der Zeit wird es unerträglich, immer jemand anderes sein zu müssen.

Das alles wird früher oder später zu einer psychischen Belastung, die, wenn sie nicht wahrgenommen wird, auch körperliche Reaktionen auslöst.

Egal, ob die körperlichen Bedürfnisse unter dem Druck der Verhältnisse oder freiwillig missachtet wurden, ab einer gewissen Altersstufe kann man sie nicht mehr ignorieren. Eines Tages präsentiert der missachtete Körper die Rechnung, zum Beispiel als Einbruch der Leistungsfähigkeit oder in Form einer Krankheit. Der Mensch kann, wie gesagt, viel aushalten. Aber jeder stösst irgendwann an seine Grenzen.

Im Hinblick auf die spätere Lebenszeit sollten wir (wieder) lernen, auf den Körper zu achten. Im Kindesalter besassen wir diese Fähigkeit. Wir reagierten ganz natürlich und spontan darauf, wenn sich ein körperliches Bedürfnis, ein Mangel oder ein Schmerz meldete.

Körpersignale als »Alarmanlage«

Wir verfügen mit unserem Körper über eine sensible »Alarmanlage«. Wenn wir diese Signale beachten, statt sie reflexartig abzuschalten, können sie uns vor überlastungsbedingten Zusammenbrüchen schützen. Darum sollten wir lernen, die Signale unserer „Alarmanlage“ zu beachten und zu verstehen.

Wer auf sich selber achtet, kann in der Regel die Bedeutung vieler Körpersignale ganz gut verstehen. Vermutlich haben die meisten Menschen irgendeine Schwachstelle, die sich bei bestimmten Belastungen immer wieder bemerkbar macht. Zum Beispiel Schulterverspannungen, Kopfweh, Magenbrennen, Durchfall, Sehstörungen, Drücken in der Brust- oder Magengegend, Hitzewallungen, Schweissausbrüche, unregelmässiger oder hektischer Atemrhythmus, um nur einige zu nennen.

Wer sich und seine Körpersignale kennt, kann in vielen Fällen unterscheiden, ob ihm jetzt wirklich körperlich etwas fehlt, das medizinisch behandelt werden muss, ob eine Überlastung vorliegt, oder ob die „Alarmanlage“ psychische Überlast oder psychischen Schmerz anzeigt. Die eigenen Bedürfnisse wahrzunehmen, sie zuzulassen und den Mut zu haben, zu ihnen zu stehen und, wenn sie wichtig genug sind, sie auch einzufordern, mobilisiert die gesunden Kräfte in uns.

Zur Gesundheit Sorge tragen ...

Was uns gut tut, sagt uns die Vernunft und das sagen uns die Signale unseres Körpers. Um sie wahrzunehmen, braucht es ab und zu ein wenig Distanz zur Alltagsroutine, in der wir uns selber leicht vergessen und den Kontakt zu unserem Körper verlieren können.

Schon so oft habe ich gehört: „Ich spüre mich überhaupt nicht.“ In Wirklichkeit ist es so, dass die Empfindungen sehr wohl da sind, aber nicht (bewusst) wahrgenommen werden, weil sie jahrelang abgewehrt worden sind. Es braucht dann unter Umständen einiges an Training, um seine bewusste Wahrnehmung wieder zu aktivieren. Vorbedingung ist, dass man sich immer wieder Zeit nimmt, aufmerksam darauf zu achten, was Worte, was Verhalten von andern, was bestimmte Situationen und Ereignisse in einem auslösen. Das heisst, immer wieder Innehalten, Pausen einlegen, seien es ein paar Minuten im Tagesverlauf, sei es auch einmal eine längere Zeit.

Weil bekanntlich in zunehmendem Alter die Energien weniger werden, brauchen wir auch längere Erholungszeiten, um wieder aufzutanken. Gönnen wir uns diese! Elektrische Akkumulatoren hatten bis vor wenigen Jahren eine Schwachstelle. Man sollte sie erst wieder aufladen, wenn sie ganz leer waren, sonst konnte man ihre Ladekapazität nicht mehr voll ausnützen. Der menschliche „Akku“ funktioniert anders. Wenn die Energie einmal ganz auf Null gefallen ist, braucht es lange, unter Umständen sehr lange, bis sich die Energie wieder aufbaut. (Das klassische Burn-out-Syndrom.) Sorgen wir dafür, soweit das in der eigenen Macht liegt, dass wir auftanken, bevor wir völlig ausgepumpt sind.

... ohne Gesundheitswahn

Lassen wir uns nicht beeindrucken vom Gesundheitswahn, den geschäftstüchtige Unternehmen und Medien propagieren. Lassen wir uns auch nicht von überängstlichen Mitmenschen anstecken. Auf seine Körpersignale zu achten bedeutet nicht, hypochondrisch zu werden. Hypochondrie ist ein Misstrauen dem eigenen Organismus gegenüber. Sie kann ein Ausdruck von allgemeiner Lebensangst sein. In solchen Fällen ist fachliche Hilfe zu empfehlen, um allmählich Vertrauen in seinen Körper aufbauen zu können. Eine Frau, die aus verständlichen Gründen unter Hypochondrie leidet, hat diese Tatsache akzeptiert und steht dazu. Sie geht zwar weiterhin mit jeder Kleinigkeit zum Arzt, obwohl sie weiss, dass es meist nicht nötig wäre. Aber die Bestätigung des Arztes, dass ihr nichts Ernsthaftes fehlt, nimmt ihr wieder für eine Weile die Ängste und gibt ihr Vertrauen in ihren Köper zurück.

Die Balance pflegen

Die Funktionstüchtigkeit des Körpers zu pflegen, das kann mit sportlichen Aktivitäten geschehen. Aber es gibt auch viele andere Möglichkeiten, im Rahmen der täglichen Aktivitäten auf Beweglichkeit und auf die Körperhaltung zu achten. Was dem Körper gut tut, das tut bekanntlich auch der Seele gut. Dazu gehört auch die vernünftige und möglichst ausgewogene Ernährung. Auch da sollten wir nicht zu sehr auf die zahlreich angebotenen und oft sich widersprechenden Ratschläge hören. Zuerst sollten wir auf uns selber achten. Der Organismus signalisiert uns recht zuverlässig, was ihm bekommt und was nicht.

Übrigens ist körperlich in Bewegung zu bleiben besonders wichtig für Menschen, die eine Neigung zu Depressionen haben. Regelmässige Bewegung und aufrechter Gang wirken präventiv und manchmal auch heilend.

Im Gegensatz zu früheren Zeiten verstehen wir heute Leib, Seele und Geist als eine Einheit, die erst als Ganzes den Menschen ausmacht. Die Körpersignale kennen, sie ernst nehmen und darauf reagieren hilft uns, in gesunder Balance zu bleiben oder sie wieder zu gewinnen.

Anregungen zur Selbstreflexion

- Habe ich mir schon einmal in Ruhe darüber Gedanken gemacht, wie ich mit meinem Körper umgehe?
- Habe ich gelernt, ohne falsche Ängstlichkeit auf die Signale meines Körpers zu achten? Kenne ich meine „Schwachstellen“, die reagieren, wenn ich überlastet, überfordert, gestresst bin?
- Spüre ich rechtzeitig, wenn ich die Leistungsgrenze überschreite, wenn meine Energien bald ausgeschöpft sind?
- Habe ich Körpersignale, auch unangenehme, schon als hilfreich erlebt?
- Was tue ich konkret für mein körperliches Wohlbefinden?

9. Aktivieren wir unsere Lernbereitschaft, wenn uns das Schicksal herausfordert. So lassen sich die Chancen nützen, die uns das Leben offen hält.

Lebenstüchtig sein und bleiben

Lebenstüchtig werden und sein kann man lernen. Wer ist sich schon bewusst, dass spätestens mit 50 eine neue Lernstufe der Lebenstüchtigkeit beginnen müsste? Jede Lebensphase stellt ihre eigenen Anforderungen: Da sind die letzten 10 bis 15 Berufsjahre bei abnehmender Leistungskraft durchzustehen. Dann „müssen" wir die Zeit, in der wir heute „junge Alte" genannt werden, sinnvoll gestalten. Schliesslich folgt die anspruchsvollste Zeit, die Zeit, wo sich das Alter spürbar bemerkbar macht.

Wir sind beeindruckt von Menschen, die gelernt haben, die Herausforderungen dieser drei Lebensphasen in Ruhe zu bewältigen. Sie bleiben in bewundernswerter Weise lebendig. Wer um jeden Preis jung bleiben will, kann leicht diese wichtige Zeit des Lernens, wie man positiv älter werden kann, verpassen. Plötzlich steht man vor „Prüfungen", ohne vorher gelernt zu haben. Wie schwer muss es für einen Menschen sein, im Alter einen Stock als Gehhilfe anzunehmen, wenn er alles daran gesetzt hat, mit 90 mindestens noch einen Zweitausender besteigen zu können.

Ein lebenslanger Lernprozess

Wir leben in unserer Gesellschaft mit der Vorstellung: Leben lernen müssen Kinder, Jugendliche, junge Erwachsene — und dann wissen wir, wie's im Leben geht. In der Berufswelt sieht man das heute ganz anders. Da heisst es, permanent lernen, um mithalten zu können. Für viele ist es wohl so, dass sie zwischen 40 und 50 gut mit dem zurechtkommen, was sie in früheren Jahren im Bereich persönlicher Lebensbewältigung gelernt und erfahren haben. Aber dann beginnt das Lernen von neuem. Mit einem wesentlichen Unterschied. Als Kind haben wir gerne gelernt, mindestens all das, was uns versprach, dadurch selbstständig, unabhängig, erfolgreich und glücklich zu werden. Ab 50 müssen wir beginnen Dinge zu lernen, die nicht mehr im bisherigen Sinne auf Erfolg gerichtet sind. Wir müssen lernen, mit weniger zurecht zu kommen, mit weniger Energie, mit reduzierter Leistungsfähigkeit. Irgendwann müssen wir uns darauf einstellen, dass unser Lebenskreis allmählich enger und unsere Selbstständigkeit nach und nach eingeschränkt wird. Das sind alles Dinge, die wir nicht mit Begeisterung angehen.

Wir werden mit den zunehmenden Jahren vielfältig gefordert. Wir müssen nun so vieles lernen, das man nicht auswendig lernen kann. Zum Beispiel müssen wir lernen, uns immer wieder von etwas zu verabschieden. Es gibt eine Menge zu lernen, Dinge, die man nicht mit Fitness- und Gedächtnistraining erreicht. Zum Beispiel einen Selbstwert zu gewinnen, der nicht von Leistung abhängig ist. Oder trotz unsicherer Zukunft die Zuversicht nicht zu verlieren. Oder um Hilfe zu bitten, Hilfe anzunehmen, usw.

Zwei Möglichkeiten

Wenn wir älter werden und unsere Leistungsfähigkeit abnimmt, haben wir zwei Möglichkeiten. Wir können uns ständig und ängstlich mit dem befassen, was weniger wird, oder wir können vor allem darauf achten, was uns geblieben ist. Wenn wir nur auf das starren, was wir verlieren, vergessen wir, die verbliebenen Möglichkeiten zu nutzen. Ob wir uns dessen bewusst sind oder nicht, letztlich trifft jeder Mensch eine Grundentscheidung, was für ihn höhere Priorität hat: Möglichst lange zu leben oder möglichst gut zu leben, so lange er lebt.

Was ist die grössere Leistung?

Immer wieder stehen wir vor der Entscheidung, welchen Werten wir den Vorrang geben wollen. Man kann sich die Frage stellen: Was ist die grössere Leistung, mit letzter Kraft zwei überschwere Einkaufstaschen nach Hause zu schleppen oder sich nur halb so viel aufzuladen und den Weg zweimal zu gehen? Schwere Lasten schleppen, körperliche Höchstleistungen erbringen, solange es irgendwie geht, das ist durchaus beachtenswert. Ich persönlich würde es aber als eine geistig höhere Leistung einstufen, seine physischen Kräfte nicht unsinnig zu überfordern, sondern gut dosiert zu nützen.

Viele Menschen versuchen mit 60, 70 und noch älter alles noch auf die gleiche Weise zu tun wie mit 30 oder 40. Ist es eine Schwäche oder eine Stärke, jemanden um Hilfe zu bitten, wenn eine Last nur noch mit Mühe geschleppt werden kann? Ist es eine Stärke oder eine Schwäche, zuzugeben, dass man nicht mehr so gerne auf eine hohe Leiter steigt? Ist es eine Stärke oder eine Schwäche, zu Überforderungen zu stehen? Die Dramen, die sich immer wieder ereignen, weil jemand nicht fähig oder nicht bereit ist, die Grenzen seiner körperlichen oder auch geistigen Kräfte zu akzeptieren und deshalb jede Hilfe und Unterstützung ablehnt, sprechen eine deutliche Sprache.

Geistige Beweglichkeit üben

Ebenso bedeutungsvoll ist die Übung der geistigen Beweglichkeit, um mit den Anforderungen des Alterns möglichst gut leben zu können. Ob man das Gedächtnis in speziellen Kursen trainiert, oder ob man für sich selber übt, wichtig ist, dass man es tut. Aber es geht nicht nur darum, etwas gegen den allmählichen Abbau des Kurzzeitgedächtnisses zu tun. Wissenschaftliche Erkenntnisse neueren Datums ermuntern uns sehr, die Fähigkeiten unseres Gehirns auch bis ins hohe Alter auszuschöpfen, indem wir das Vorhandene nutzen und damit in Übung bleiben. Zudem soll das Dazulernen von Neuem erstaunlich wirkungsvoll sein für die geistige Beweglichkeit. Dass wir mit zunehmendem Alter langsamer lernen, sollte uns nicht davon abhalten.

Ja, es braucht Übung, sich auf den Kräfteabbau einzustellen und zu erkennen, dass irgendwann eine Neudefinition dessen nötig ist, was Stärke und was Schwäche ist. Und wenn das gelingt, möglichst bevor gesundheitliche Probleme zu spürbaren Einschränkungen zwingen, werden diese leichter zu bewältigen sein. Das heisst nicht, dass einem das leicht fallen muss. Mit etwas Geduld mit sich selbst ist vieles zu bewältigen. Und es ist nur natürlich, dass jede Veränderung Zeit braucht, bis man sich daran gewöhnt hat. Und dass es im Alter noch etwas länger dauert, ist normal.

Die Möglichkeiten ausschöpfen

Doch gerade wenn es darum geht, mit den Anforderungen des Älterwerdens fertig zu werden, ist es sinnvoll, sich rechtzeitig darauf einzustellen. Wenn wir lernen, schrittweise Abschied zu nehmen, geschieht etwas Erstaunliches. Wir erleben die Einschränkungen nicht mehr so einschneidend. Es hilft uns, vorhandene Fähigkeiten länger zu erhalten. Und, was wir kaum voraus im Blick haben: es ist sehr wahrscheinlich, dass wir nicht nur verlieren, sondern auch gewinnen.

Es gilt Abschied zu nehmen von Plänen und Wünschen, die nun endgültig unerreichbar geworden sind. Abschied nehmen von Dingen, die zu beschwerlich oder nicht mehr möglich sind, ist die Vorbedingung, um sich auf das einstellen zu können, was noch machbar ist. Wer sich darauf einlässt, kann sich überraschen lassen, wie viel doch noch drin liegt, was Freude und Befriedigung geben kann.

Unsere Art und Weise zu leben wird im Wesentlichen von vier Bereichen geprägt: von Körper, Geist, Seele/Psyche, Emotionen. Welche Bereiche haben wir in welchem Masse entwickelt? Im Alter werden die Möglichkeiten des Körpers zunehmend eingeschränkt. Die andern Bereiche können bis ins hohe Alter weiterentwickelt werden, solange nicht demenzielle Veränderungen dies begrenzen. Das Gehirn arbeitet zwar mit zunehmendem Alter langsamer, aber es bleibt grundsätzlich lernfähig. Speziell wirkungsvoll soll es sein, bisher brachliegenden Themen und Tätigkeiten aufzunehmen, weil damit wenig beanspruchte Hirnregionen aktiviert würden. Es gibt Neurologen, die sich erhoffen, dass dies auch Demenzerkrankungen vorbeugen kann.

Mit den Einschränkungen bewusst umgehen

Es gibt verschiedene Arten, wie man mit den Einschränkungen des Alters umgehen kann. Man kann sie anästhesieren, das heisst, sie nicht spüren wollen, sich zusammennehmen, sich nichts anmerken lassen. Oder man kann sie amnesieren nach dem Motto: „Vergiss es, das Leben geht weiter, denk nicht daran“. Eine weitere Möglichkeit ist, das Älterwerden zu chaotisieren, sich mit allen Mitteln abzulenken, „positiv zu denken“ und die Augen vor der Realität verschliessen, in einen übervollen Terminkalender zu fliehen. Oder man kann es auch verheimlichen. Man verzieht sich ins stille Kämmerlein, vermeidet - mit Ausreden - soziale Kontakte, verzichtet ganz auf Aktivitäten, die sogar Freude machen würden, damit das eigene Älterwerden möglichst niemandem auffällt.

Älter werden will aber gelernt, gelebt, und bewältigt werden, zum Beispiel nach dem Modell der selektiven Optimierung mit Kompensation nach Margret M. Baltes und Paul B. Baltes. Selektion heisst, Auswahl bzw. Reduktion der Tätigkeiten und des Lebensbereiches in Rücksicht auf die Kräfte und Fähigkeiten.

Optimierung kann bedeuten, (noch) vorhandene Fähigkeiten durch Anregung, Stimulation und Herausforderung zu erhalten und auszuschöpfen.

Kompensation heisst, Suche nach Möglichkeiten, Wegen und Mitteln, um gewohnte und lieb gewonnene Tätigkeiten weiter ausüben zu können oder aber Suche nach akzeptablem Ersatz.

Ein konkretes Beispiel für das Zusammenspiel der drei Prozesse Selektion, Kompensation, Optimierung: Der achtzigjährige Pianist Arthur Rubinstein wurde gefragt, wie es ihm gelinge, auch noch im hohen Alter ein weltberühmter Pianist zu bleiben. Seine Antwort: Er bemühe sich, die Schwächen des Alters dadurch zu meistern, dass er zum einen sein Repertoire verkleinert habe, also weniger Stücke spiele, diese Stücke häufiger übe und einige Kunstgriffe anwende, zum Beispiel Tempoverlangsamung vor schnellen Sätzen, wodurch der blosse Eindruck eines anschliessend schnelleren Spiels erzielt würde.

Dieser Prozess der Selektion, der Kompensation und der Optimierung lässt sich auch auf andere Tätigkeiten übertragen. Ein Bauer hat mit 65 seinen Hof verpachtet, für sich noch ein kleines Stück Land zurückbehalten und von Grossvieh zur Haltung von Kleinvieh umgestellt. Er hat den Garten intensiver genutzt. Und er hat sich darauf eingestellt, beides entsprechend den Kräften nach und nach abzubauen und auch darauf, sich immer mehr Verschnaufpausen zu gönnen, für die er früher kaum Zeit gefunden hatte. So konnte er, ohne sich durchquälen zu müssen, Bauer bleiben bis fast an sein Lebensende.

Verlieren und gewinnen

Wagen wir es, hin zu schauen, was wir allmählich verlieren: Leistungsfähigkeit, körperliche Energien, geistige Beweglichkeit, grosse Lebensträume, usw.

Was wir voraus kaum im Blick haben: Es ist sehr wahrscheinlich, dass wir mit dem Älterwerden nicht nur verlieren. Wenn man es genau betrachtet, dann können wir auch Dinge entdecken, die wir gewinnen. Was wir gewinnen können, ist in erster Linie grössere innere Freiheit. Man muss es nicht mehr allen Leuten recht machen. Es gibt nun gute Gründe zu sagen: Das ist mir zu viel. Es wird leichter, sich von übertriebenem Pflichtbewusstsein zu verabschieden, Aufgaben abzugeben, die einem zu viel geworden sind. Umso mehr Raum bleibt für die Pflege von Beziehungen, für die Entdeckung von emotionalen und geistigen Dimensionen, für die bisher kaum Zeit blieb. Als Gewinn wäre auch zu werten, zu würdigen, was man im Laufe des Lebens geleistet hat. Und bitte nicht nur nach dem Ausschau halten, was im üblichen Sinne als Leistung eingestuft wird. Eine Leistung ist zum Beispiel auch, eine schwierige Situation aus einem vielleicht übertriebenen Pflichtgefühl heraus lange Zeit durchgehalten zu haben. Das gilt auch, wenn der Sinn dieses Durchhaltens im Rückblick nicht mehr überzeugt. Ein Gewinn ist auch, zu entdecken, dass sich im Leben manches wie von selbst entwickelt hat. Meine Lehrer hatten einige Mühe mit meinen motorischen Fähigkeiten, weil meine Schrift sich einfach nicht an die vorgegebenen Linien halten wollte. Dieses Manko spielte in meiner Arbeit nach der Schulzeit kaum mehr eine Rolle. Mit Genugtuung stelle ich fest, dass sich meine handwerkliche Geschicklichkeit im Laufe des Lebens erfreulich entwickelt hat.

Versöhnung mit sich selber ist angesagt und ein realistischerer und freundlicherer Umgang mit mir selbst. Das gelingt leichter, wenn wir nicht nur Belastendes zur

Kenntnis nehmen. Mit der nötigen Aufmerksamkeit lernen wir besser zu verstehen, was in uns vorgeht, und wir gewinnen mehr Verständnis für uns selber. Im Älterwerden liegt die Chance befreiender Gelassenheit und tieferen Vertrauens in uns selbst. Es ist besser, schon heute und nicht erst morgen in diesen Lernprozess einzusteigen. Was wir wirklich noch er-leben möchten, sollten wir nicht auf später verschieben: „Wenn ich dann pensioniert bin ..."

Wenn wir uns auf diesen Lernprozess einlassen, beginnt ein Reifungsprozess, der uns bereits in der aktuellen Lebensphase nützlich ist. Und er kann uns das Älterwerden leichter, gar reich machen.

Anregungen zur Selbstreflexion

- Wie stark hängt mein Selbstwertgefühl von Leistung ab?
- Wie gut oder wie schlecht ertrage ich Zeiten eingeschränkter Leistungsfähigkeit, zum Beispiel nach einer Grippe oder kurz vor den Ferien?
- Lasse ich gelegentlich den Gedanken ans Älterwerden zu?
- Habe ich die Bereitschaft, neue Dinge zu lernen, wenn diese von den Lebensumständen gefordert werden?
- Gibt es in meinem Leben Erfahrungen, durch einen Verlust schliesslich auch etwas gewonnen zu haben?

10. Entwickeln wir die Bereitschaft, auch mit schwierigen Erfahrungen leben zu lernen und versöhnen wir uns mit unserem Schicksal. So erhalten wir uns möglichst viel an Lebensqualität.

Das Leben ist eine unsichere Sache

Machen wir uns nichts vor und spielen wir nicht Vogel Strauss. Das Leben ist eine unsichere Sache. Einbrüche können jederzeit geschehen — nicht nur im Alter. Nur steigt das Risiko, vor allem krank zu werden, mit zunehmendem Alter. Es ist gut, diese Tatsache nicht ganz auszublenden. In unserer Wohlstandswelt sind wir aber sehr auf Sicherheit ausgerichtet. Man kann sich gegen alles Mögliche versichern und glaubt, sich so Sicherheit erkaufen zu können. Kommt einmal durch eine Wirtschaftskrise die Wohlstandssicherheit ins Wanken, bricht eine skurril anmutende Hektik aus. Die technische Entwicklung und die Institution Versicherung im Sinne einer Absicherung gegen jedes Ungemach haben Sicherheit scheinbar machbar gemacht. Der Versuch, Sicherheit zu realisieren, kommt mir so vor, als hätten die Seefahrer alle Anstrengungen unternommen, die Stürme und die Wellen auf ein risikoloses Mass zu zähmen. Oder als würden Schlittschuhläufer versuchen, eine Eisfläche so zu präparieren, dass ein Ausrutschen nicht mehr möglich wäre.

Die Machbarkeitseuphorie

Die Medizin leistet Grossartiges im Dienste der Menschheit. Das verdient Anerkennung. Lange Zeit schien es, als würde es bald gelingen, alle Krankheiten zu verhindern oder zu heilen. Inzwischen ist klar, dass auch medizinisches Können an seine Grenzen stösst. Andere Kreise, die im Geschäft mit der Gesundheit tätig sind, versprechen ungetrübte Gesundheit bis an das weit weg liegende Lebensende, sofern man nur alles (nach ihren Vorstellungen) richtig macht. Das verleitet viele dazu, überhaupt nicht damit zu rechnen, dass es auch anders sein könnte. In Wirklichkeit geht es darum, die Endlichkeit unseres Lebens nicht wahrhaben zu wollen.

Von der Natur unabhängig geworden?

Heute sind wir — mindestens im durchschnittlichen Alltag — nicht mehr von „den Launen der Natur" abhängig. Das habe ich in meiner Jugend auf dem kleinen Bergbauernhof noch anders erlebt. Es besteht ein frappanter Unterschied zwischen der damaligen Lebenshaltung und derjenigen im heutigen Umfeld. Meine Eltern lebten noch in der Haltung täglicher Dankbarkeit, wenn die Natur gut gesinnt war und Feld und Stall die Existenz sicherten, wenn sie vor Krankheit und Unglück verschont geblieben sind. Heute begegnet mir so oft eine ganz andere Lebenseinstellung: Ich habe ein Recht darauf, dass es mir immer gut geht.

Anstelle der täglichen Dankbarkeit, dass einem nichts Schlimmes widerfahren ist, tritt dann oft der Anspruch: Mir darf nichts geschehen! Dabei wissen wir nur allzu gut, dass die Realität eine andere ist.

Eine Frage der Lebenshaltung

„Sollen wir denn ängstlich darauf warten, dass uns etwas zustossen könnte?", wurde ich schon unwillig gefragt. Darum kann es ja wohl nicht gehen. Ständig gottergeben auf ein Unglück zu warten, würde auch nicht den biblischen Vorstellungen und Erwartungen an uns entsprechen. Vielmehr geht es darum, dass wir, wenn wir mit dem Schicksal anderer konfrontiert werden, ab und zu darüber nachdenken, wie wir in dieser Situation reagieren und damit umgehen können oder möchten. Es gibt Dinge im Leben, die wir beeinflussen können, und es gibt Dinge, denen wir ausgeliefert sind. Wir können versuchen, eine innere Bereitschaft zu gewinnen, wenn es denn sein muss, auch damit leben zu lernen. Wir dürfen trotzdem hoffen, vor Schwierigem verschont zu bleiben. Ob wir die schwierigen Aufgaben des Lebens als ständige Last empfinden oder als eine Herausforderung annehmen, die uns auch weiterbringen kann, hängt unter anderem auch damit zusammen, wie wir das in der Herkunftsfamilie erlebt haben. Haben wir eine optimistische oder eine pessimistische Grundhaltung mitbekommen? Pointiert hat einmal jemand diese Haltungen so charakterisiert: »Der Optimist sieht in jedem Problem eine Aufgabe. Der Pessimist sieht in jeder Aufgabe ein Problem.«

Unsere Lebenshaltung ist entscheidend: Bin ich dankbar, wenn es mir gut geht, oder mache ich daraus einen Rechtsanspruch? Bin ich grundsätzlich bereit, mich auf schwierigere Zeiten einzustellen, bei aller Hoffnung, dass es nicht sein muss? Kann ich jeden guten Tag geniessen, auch wenn es daneben andere gibt? Es geht darum, sich nicht von einer Alles-oder-nichts-Haltung bestimmen zu lassen. Als Bauernkind habe ich gelernt, dass ein ertragreiches Jahr ein gutes Jahr geblieben ist, auch wenn es daneben schlechte Ertragsjahre gegeben hat.

Im schaukelnden Boot

Es gibt Menschen, die eine bewundernswerte Sicherheit erreicht haben in der Fähigkeit, in einem schaukelnden Boot auf den Beinen zu bleiben. Es gibt Menschen, denen es grossen Spass macht, auf dem glitschigen Eis ihre Standfestigkeit zu erproben. Es gibt Menschen, die Sicherheit nicht in einer gut bezahlten Lebensstelle suchen (die es heute ohnehin immer weniger gibt), sondern in der Fähigkeit, die tägliche Ungewissheit, was morgen sein wird, zu bewältigen.

Unser Leben, ein organisches Geschehen

Die Frage ist auch: Wie stehe ich zur Tatsache, dass unser Leben ein organisches Geschehen ist? Das heisst, alles Leben beruht auf einem ständigen Werden und Vergehen. Kann ich das bejahen mit den unangenehmen Seiten, die dazugehören? Wir können in unserer Gesellschaft inzwischen auf vieles einen Rechtsanspruch erheben. Wir können bezüglich unseres Wohlbefindens und Wohlergehens an unsere Mitmenschen, an Verantwortliche Rechtsansprüche stellen. Unserem eigenen Organismus gegenüber gibt es keine Rechtsansprüche. Es gibt sie nicht darauf, dass es keine falschen (krankhaften) Abläufe und Entwicklungen geben dürfte. Und es gibt sie nicht darauf, dass sich der Alterungsprozess für alle über eine gleiche Anzahl von Jahren erstrecken müsste. Die Frage: „Warum muss das Leben gerecht sein?" löst immer wieder engagierte Diskussionen aus. Im Anspruch, das Leben müsste gerecht sein, stecken viele unbewusste Erwartungen. Um nur einige wahllos aufzuzählen: Alle müssten gleich begabt sein, alle gleich gut aussehen, körperlich und psychisch die gleiche Konstitution haben, alle müssten gleich liebevolle und ideal sorgende Eltern, gleich verständnisvolle und kompetente Lehrpersonen haben, alle müssten die gleichen Chancen haben, den Lieblingsberuf lernen und ausüben zu können, alle müssten gleich viel Glück in der Partnerwahl haben, ... Die Aufzählung kann beliebig verlängert werden.

Das Gesetz von Werden und Vergehen

Dass es nicht so ist, wissen wir alle. Dass es nicht so sein kann, wird klar, wenn wir uns der Tatsache stellen, dass wir organische Wesen sind, die nur deshalb existieren, weil wir in den Kreislauf des Werdens und Vergehens eingebunden sind. Und gerecht könnte unsere Welt, unser Zusammenleben nach unserem Verständnis nur sein, wenn alle Menschen vollkommen und fehlerfrei wären. Dem ist aber nicht so. Mit dieser Realität müssen wir leben. Wir können uns dagegen auflehnen, oder bereit sein, das Beste aus dem zu machen, was ist.

Es wäre gut, sich immer wieder, nicht zuletzt mithilfe der Beobachtung der Natur, bewusst zu machen, dass im Gesetz des Werdens und Vergehens eine faszinierende aber auch geheimnisvolle und manchmal beängstigende Weisheit verborgen ist. Wenn mir wieder einmal der Gedanke an die Endlichkeit nicht gefällt, hilft es mir, die Vorstellung von der ewigen Jugend zu Ende zu denken: Wie würde die Welt aussehen, was würde das letztlich für die Menschheit bedeuten, wenn alle ewig auf dieser Erde leben würden? Alle grosse Religionen lehren, dass unsere definitive Existenz nicht in dieser Welt beheimatet ist.

Von der Natur fasziniert zu sein hebt das Schwierige unserer Endlichkeit nicht auf. Aber es kann uns helfen, das Schmerzliche erträglicher zu machen.

Versöhnung mit dem Schicksal

Versöhnung mit dem Schicksal heisst, jene Aspekte des Lebens, die wir nicht beeinflussen konnten und können, so anzunehmen, wie sie sind. Versöhnung mit dem Schicksal heisst: Ich nehme die schwierigen und schmerzhaften Erfahrungen meines Lebens gebührend zur Kenntnis, ohne sie zu beschönigen. Und ich entscheide mich, sie hinter mir zu lassen. Bildlich gesprochen, ich lese mein Lebensschicksalsbuch noch einmal in aller Ruhe durch, stelle es nachher ins Archiv und blättere nicht mehr täglich darin. Ich werde mich zwar gelegentlich wieder daran erinnern. Aber ich wende meine Aufmerksamkeit nun ganz bewusst dem aktuellen Leben und seinen (verbliebenen) Möglichkeiten zu.

Manche mögen beim Lesen dieser Überlegungen wachsenden Widerstand spüren, weil sie zu einfach und unrealistisch erscheinen. Verständlicherweise ist Versöhnung umso schwieriger, je härter das Schicksal einen getroffen hat. Am schwersten ist es in aller Regel, wenn dabei Eltern oder andere Erwachsene eine wesentliche Rolle spielten.

Von den Realitäten ausgehen

Wer es wagt, in der besprochenen Weise auf sein Leben zurückzublicken, hat die Chance zu erkennen, warum die eine oder andere Erfahrung bis heute eine so schwere Last geblieben ist. Und es kann wichtig sein, zu sehen, in welcher Weise ein Schicksal das bisherige Leben beeinflusst hatte, um sich und sein Verhalten besser zu verstehen.

Wie oft habe ich von Betroffenen gehört: Sich mit dem Schicksal versöhnen zu können würde voraussetzen, dass jene, die einen so enttäuscht und verletzt haben, mindestens mit sich darüber reden liessen. Sie müssten ihr Versagen eingestehen und sich entschuldigen. Diese Hoffnung, wenn sie erfüllt wird, kann die Türe zu einer neuen Lebensetappe öffnen. Leider bleibt sie aber oft unerfüllt. Manchmal bewirken die Bemühungen, das Gespräch zu suchen, sogar das Gegenteil, wenn man erneut zurückgewiesen und verletzt wird. Wenn das der Fall ist, ist es oft nicht möglich, sich ohne Hilfe aus Verstrickungen zu lösen, sich von Blockaden zu befreien. Aber mit geeigneter Unterstützung kann es gelingen, sich mit einem schweren Schicksal so weit zu versöhnen, dass die Lebensmöglichkeiten, die geblieben sind, gelebt werden können. Es muss nicht sein, dass schwere Enttäuschungen und schicksalsbedingte Verletzungen auf Dauer bessere Lebensmöglichkeiten blockieren. Bedingung ist, dass es gelingt, die Realitäten zu akzeptieren und von da aus weiter zu gehen.

Versöhnung heisst auch Abschied nehmen

Versöhnung mit dem Schicksal heisst auch Abschied nehmen, Abschied nehmen von Möglichkeiten, die man verpasst hat, von Dingen, die einem genommen wurden. Ungemein schwer ist es, sich zu verabschieden von dem, worauf man Anspruch gehabt hätte, aber nie erhalten hat. Dazu gehören berechtigte Erwartungen an Eltern, die in ihrer wichtigsten Aufgabe, Geborgenheit und Sicherheit zu geben, versagt haben. Erst recht schwierig ist es dann, wenn die Eltern an und für sich noch erreichbar wären, aber zu keinerlei Einsicht bereit oder fähig sind. Es ist leichter, etwas loszulassen, was man verloren hat, als sich von etwas zu verabschieden, das man nie besessen hat. Menschen, die im Gefühl leben, noch gar nicht wirklich gelebt zu haben, leiden oft im Alter sehr darunter.

Versöhnung mit dem Schicksal ist nicht mit einem einzigen Willensakt zu erreichen. Versöhnung mit dem Schicksal ist oft ein langer Weg. Doch wer es schafft, sich auf diesen Weg zu machen, geht und lebt nicht mehr mit dem Rücken zur Zukunft. Immer mehr gelingt es, die Zukunft in den Blick zu bekommen. Energien, die an Vergangenes gebunden waren, werden frei für die aktuellen Ziele und Aufgaben.

Wenn Versöhnung mit sich selber und mit dem Schicksal ein Stück weit gelingt, ist das immer ein wohltuendes, befreiendes Gefühl. Es ist der Beginn einer neuen Lebensetappe.

Anregungen zur Selbstreflexion

- Wie würde ich mein Lebensgefühl beschreiben, wenn ich die Unsicherheiten des Lebens mit einbeziehe?
- Habe ich die Tendenz, vor allem das zu sehen, was mir fehlt und muss erst lernen, auch das wahrzunehmen, was ich habe und was gut ist?
- Gibt es Einbrüche im Leben, die ich noch nicht verkraftet habe? Welche Chancen, Möglichkeiten habe ich jetzt?
- Aus welchen Quellen kann ich Kraft schöpfen, um Schwieriges aushalten zu können?
- Habe ich mich mit meinem Schicksal, mit meiner Lebensgeschichte versöhnt? Was halte ich von Vergebung und davon, sich Vergebung schenken zu lassen?

11. Pflegen wir Abschiedskultur als einen Teil von Lebenskunst. Das erleichtert uns nach ungewollten Abschieds- und Verlusterfahrungen den Neubeginn.

Das Leben ist eine Kette von Abschied und Neuanfang

Das Thema Abschied kam in andern Kapiteln schon zur Sprache. Weil es ein ungeliebtes und doch so wichtiges Thema ist, lade ich hier zur tieferen Betrachtung ein. Unser Leben ist von einer Kette von Abschieden und Neuanfängen durchzogen. Für gewöhnlich nehmen wir nur bestimmte Abschiedssituationen bewusst zur Kenntnis. Wenn das Wort Abschied fällt, denken wir vor allem an Verlusterlebnisse. Wir verabschieden uns manchmal aber auch mit einem Gefühl von Befreiung oder brechen freudig zu neuen Zielen auf.

Zwischen freudigem Aufbruch und Abschiedsschmerz

Die Bedeutung des Abschieds verändert sich bei den normalen Lebensübergängen mit jeder Stufe. Der Abschied von den Kinder- und Jugendjahren, erwachsen und selbstständig zu werden, ist für die meisten jungen Menschen ein erwünschtes Ziel: Abschied von der Kindheit, Abschied vom Schulstress, Verabschiedung von der elterlichen Aufsicht, Abschied von der Ausbildung und Einstieg ins Erwerbsleben, Umzug in eine schönere, grössere Wohnung, und, und, und. Ein junger Mensch, der das Elternhaus verlässt, um selbstständig zu wohnen und zu leben, freut sich über den Gewinn an Freiheit. Aber der Preis ist meist auch der Verzicht auf manche Bequemlichkeit.

In den Berufs- und Erwerbsjahren, in denen voller Einsatz für Beruf, Familie und Karriere im Vordergrund stehen, werden Abschiede gerne in Kauf genommen, die vorwärts- und »aufwärts«-kommen bedeuten. Anderseits sammelt sich immer mehr an, was man verlieren könnte. Wer eine Stelle mit erfreulichem Arbeitsklima verlässt, weil eine attraktivere Aufgabe lockt, muss sich unter anderem auch von Kolleginnen und Kollegen verabschieden, die ihm lieb geworden sind.

Jeder Abschied ist immer auch mit einem Verlust verbunden. Aber solange der Gewinn überwiegt, nehmen wir den Abschiedsschmerz, der auch mehr oder weniger dazugehört, kaum wahr.

Im Alter sind immer mehr schmerzliche Abschiede zu verkraften: Die Abnahme der körperlichen und geistigen Kräfte, der Verlust von lieben Menschen, die verminderte Leistungsfähigkeit, die allmählichen Einschränkungen von Beweglichkeit und damit verbunden oft auch von Selbstständigkeit. Die einen erleben das Älterwerden nur als Last und Verlust. Andere erfahren auch Gewinn: Zum Beispiel Befreiung von Pflichten und Verantwortung, Reife der Persönlichkeit, Entwicklung in „die dritte Dimension“, das heisst, leben um des Lebens willen. Es gibt auch heute weise alte Frauen und Männer, die ihre Zeit zum Beobachten, Zuhören und Denken nutzen und sich so aus der oberflächlichen Alltagshetze lösen und eine neue, tiefere Welt- und Lebenssicht gewinnen.

Bestimmen oder sich bestimmen lassen

Wie vielfältig und bedeutungsvoll Abschied und Aufbruch unseren Lebensweg begleiten und prägen, wird erst deutlich, wenn wir uns die Zeit für diese Betrachtung nehmen. Wir haben die Möglichkeit, Abschiede bewusst wahrzunehmen und zu gestalten. Wenn wir das nicht tun, bestimmen sie unser Verhalten. Das ist unter anderem gut zu beobachten bei Menschen, die sich immer nur »französisch« verabschieden. Wer bei jedem Anlass vor dem Ende »französisch« verschwindet, hat sich vielleicht noch nie Gedanken darüber gemacht, warum er das so tun muss. Das kann gegensätzliche Gründe haben. Die eine Möglichkeit ist, man hat widerwillig, unter äusserem oder innerem Zwang an diesem Anlass teilgenommen. Und diese Pflichtübung will man möglichst rasch beenden.

Eine andere Möglichkeit ist die: Es fällt so schwer, diesen Ort, diese Menschen zu verlassen. Eigentlich möchte man, wie die Jünger in der biblischen Erzählung von der Verklärung Jesu auf dem Berg, nach dem wunderbaren Erlebnis da bleiben und nicht mehr zurück in den Alltag. Das Weggehen ohne Abschied ist in Wirklichkeit eine Flucht vor dem Abschiedsschmerz. So bleibt aber die Spannung des inneren Widerspruchs bestehen, der Abschied wird verweigert aber faktisch muss er doch vollzogen werden. So ist es kaum möglich, etwas von dem Erfreulichen, das man erfahren hat, mitzunehmen. Und man vergibt sich viele Chancen, dauerhafte Kontakte aufzunehmen und zu pflegen. Das »französisch« Verschwinden aus dem genannten Grunde hat grosse Ähnlichkeit mit Menschen, die sich nach einer Partnerschaft sehnen. Aber Beziehungen, die sich vielversprechend anbahnen, abbrechen in dem Moment, wo sie verbindlich werden würde. Es ist dann oft die Angst vor einem möglichen (wieder) Verlassen werden, und der damit verbundene Schmerz, die den Abbruch herbeiführt und damit mögliches Gelingen verhindert.

Abschiedskultur erleichtert und bereichert das Leben

Was heisst Abschiedskultur? Abschiedskultur ist, im Gegensatz zum »Überfliegen« von Abschiedssituationen und im Gegensatz zur Verweigerung, die bewusste Wahrnehmung und Gestaltung von Übergängen, von Aufbrüchen, von Verlusten. Kultur sucht nach stimmigen, sinnvollen Verhaltensweisen und Ritualen. Diese dienen einerseits dazu, erfreuliche Erlebnisse nachhaltig auszukosten und zu bewahren, sozusagen als Proviant für schwierige Zeiten. Anderseits helfen sie, schmerzliche Erfahrungen zu ertragen und zu verarbeiten, damit ein positives Leben danach eine echte Chance hat. Abschiedskultur bildet in schwierigen Zeiten Schicksalsgemeinschaften, stärkt die Lebenskräfte, vertieft die Konzentration auf wesentliche Werte im Leben und im Zusammenleben. Abschiedskultur ist nicht einfach gleich Trauerprozess. Dieser ist allerdings ein wichtiger Teil der Abschiedskultur. Nicht gelebte Trauer verzögert oder verhindert gar eine echte Verabschiedung und ein Weitergehen.

Die vier Schritte der Abschiedskultur

Der erste Schritt: Abschiedlich leben

Abschiedlich leben könnte bedeuten, sich grundsätzlich darauf einzustellen, dass Lebensübergänge auch Verluste mit sich bringen, die Verabschiedungen nötig machen. Abschiedlich leben heisst, sich bewusst zu sein, dass wir jederzeit von kleineren oder grösseren Verlusten getroffen werden können, die wehtun. Es geht um die grundsätzliche Bereitschaft, Verluste hinzunehmen und damit weiterleben zu lernen. Abschiedlich leben verlangt auch, sich zu gegebener Zeit von Dingen verabschieden zu können, die nicht geworden sind, die wir nicht erreicht haben, oder die uns vorenthalten worden sind. Und schliesslich geht es auch darum, sich ab und zu daran zu erinnern, dass wir nur vorübergehend auf dieser Welt sind.

Der zweite Schritt: Bewusst mit Übergängen, Abschied und Verlust umgehen

Bei gewolltem oder aufgezwungenem Abschied steht freudige Aufbruchstimmung oder Schreck und Schmerz im Vordergrund. Weitere wichtige Anteile, die dazugehören, sind anfänglich meist nicht im Blickfeld. Sie müssen ins Bewusstsein geholt werden als Vorbedingung und Vorarbeit, um loslassen zu können. Der Bewusstwerdungsprozess hat einen kognitiven Teil. Dieser frägt nach, welche Bedeutung, welchen Wertanteil am Lebenskonzept, am persönlichen Wertgefühl hat das, was man loslassen, was man hergeben will oder muss? Was hat zu diesem Entscheid geführt, was hat diesen Abschied verursacht? Dazu gehört auch, die sachlichen und materiellen Aspekte zu berücksichtigen: Was ist zu bewältigen, was ist praktisch gefordert an Organisatorischem usw.

Der emotionale Teil des Bewusstwerdungsprozesses wendet sich den Gefühlen zu. Es geht darum, die Gefühle wahrzunehmen und zuzulassen, wie sie sind. Es kann wichtig sein, die Gefühle zu ordnen. Zum wem oder was gehört der Ärger? Was ist es eigentlich, das so sehr schmerzt? Was konkret macht Angst? Meist sind es die Gefühle, welche die Bedeutung eines Abschiedes, eines Verlustes adäquat gewichten. Der Schmerz schätzt den Wert des Verlorenen deutlicher ein als der Verstand. Die emotionale Wahrnehmung eines Verlusterlebnisses misst nicht mit materiellen Massstäben. Es kann sein, dass der Verlust einer Beziehung materiell keine Bedeutung hat, hingegen einen riesigen ideellen Verlust darstellt. Um es sich nicht noch schwerer zu machen, kann es wichtig sein, heftigen Gefühlen kontrolliert und am geeigneten Ort Raum zu geben. Nur wer Verluste bewusst zur Kenntnis nimmt und bereit ist, sie zu akzeptieren, kann sich auch verabschieden.

Im Abschiedsprozess kann auch die Vorausschau eine grosse Herausforderung darstellen. Nicht so schwierig ist sie bei einem gewollten Abschied. Da kann man sich in Erinnerung rufen: Was kommt auf mich zu? Worauf muss ich mich einstellen? Was erhoffe ich zu gewinnen?

Bei einem herben Verlust, bei einem unfreiwilligen Abschied, geht es darum, Ausschau zu halten, was die Lücke füllen könnte. Es gibt Dinge, für die es keinen adäquaten Ersatz gibt, weder im materiellen noch im ideellen Bereich. Ein Erbstück von besonderer Bedeutung ist nicht zu ersetzen. Wenn das Ideal, eine harmonische Familie zu haben, in Brüche gegangen ist, wenn ein Schicksalsschlag die weitere Ausübung eines geliebten Berufes verunmöglicht, ist eine Lücke aufgerissen, die nicht einfach wieder gefüllt werden kann. Die Vorausschau, womit die Lücke wenigstens teilweise geschlossen werden könnte, muss sich dann vielleicht lange Zeit auf die Hoffnung beschränken, dass sich irgendwann eine Chance zeigt. Der Sinn dieser Vorausschau ist, zu einem bewussten Entscheidungsakt zu gelangen: Ich möchte versuchen, zum Nachher ja zu sagen. Wenn das gelingt, ist die Gefahr der Verbitterung gebannt. Und so wird man offen für neue Möglichkeiten.

Der dritte Schritt: Übergänge und Abschiede gestalten

Überlegen wir einmal, welche Abschiedsformen wir kennen. Wie wurde der Abschied vom Kindergarten, von der Schule gestaltet? Wie haben wir uns von einem verstorbenen Haustier verabschiedet? Wie verabschieden wir uns nach einem Besuch bei den Eltern, bei Freunden? Wie haben wir uns von einer Wohnung, einem Ort verabschiedet? Vielleicht hat ein bestimmtes Wort den Abschied begleitet, vielleicht wurde er durch eine Umarmung vollzogen, oder in dem ein kleines Erinnerungsgeschenk übergeben wurde. Es ist wichtig, dass wir in irgendeiner Form den Wert würdigen von dem, was wir verlassen, was wir hergeben (müssen). Und unabdingbar zum Abschied gehört die Trauer. Aber hüten wir uns vor festgelegten Vorstellungen, wie Trauer gelebt werden müsste. Verschiedene Menschen trauern unterschiedlich. Wir spüren selber, ob die kleine oder grosse Trauer lebt und ob sie der Situation, zur der sie gehört, entspricht. Ein starrköpfiger alter Mann, der seinen Fahrausweis abgeben muss, trauert auch um den Verlust, aber vielleicht nicht so, wie die Umgebung, wie »vernünftige« Mitmenschen das erwarten. Ersichtlich würde die Wirkung seiner Trauer, wenn man feststellen würde, dass sich der Mann nach und nach ein bisschen besser mit seinem Verlust abfinden kann.

Beim Anspruch, Übergänge und Abschiede zu gestalten, denkt man wohl automatisch an Rituale. Diese können gute Dienste leisten. Sie erleichtern den bewussten Vollzug eines Abschiedes. Unter Ritualen muss man sich keine komplizierten oder gar vorgeschriebenen Zeremonien vorstellen. Rituale können einfachste, selbst gestaltete Formen haben. Wir alle kennen und pflegen viele Abschiedsformen, ohne dass es uns bewusst ist.

Wie wichtig der bewusste Vollzug von schmerzlichen Verlusten für uns Menschen ist, spiegelt sich in den Trauerritualen aller Völker und Religionen. Wenn darauf verzichtet wird, wie das bei uns immer häufiger geschieht, signalisiert das eine Unversöhnlichkeit mit der Lebensrealität, oder manchmal auch mit dem Verstorbenen.

Der vierte Schritt: Bewusst weitergehen —Die Zeit nachher

Jeder Übergang führt in einer mehr oder weniger ausgeprägten Form in ein »fremdes Land«. Verunsicherung gehört dazu. Wir müssen Gegend, Wege, Atmosphäre, Sprache, im wörtlichen oder übertragenen Sinne, zuerst kennenlernen. Nicht immer ist es möglich, die neue Welt zuerst gründlich auszukundschaften, bevor wir »übersiedeln«, sei es ein Orts-, oder Stellenwechsel, sei es eine Heirat oder eine Scheidung, ein Krankheitszustand ... Es wäre falsch, sich selber vorzuschreiben oder sich von andern die Vorschrift machen zu lassen, dass weitergehen, dass ein Neuanfang leicht sein müsse. Wichtig ist nur, dass wir den Schritt, die notwendigen Schritte wagen.

Für den Schritt in die Zeit nachher ist es wichtig, sich so viel Zeit für die Angewöhnung zuzugestehen, wie es braucht. Es gibt Menschen, die gehen zuerst bewusst aktiv und engagiert auf das Neue zu, machen sich zügig auf den Weg. Und erst wenn sie ein gutes Stück weit gegangen sind, schauen sie zurück oder kehren vorübergehend, bildlich oder auch real nochmals zurück, um den Abschied zu vollziehen. Auch das ist in Ordnung. Wichtig ist, Schritte für Schritt bewusst zu tun und sich nicht in Ersatzaktivitäten zu stürzen.

Wie zuversichtlich wir Neues angehen, hängt sehr mit bisherigen Erfahrungen zusammen, wie wir bisher Übergänge bewältigt haben. Entscheidend ist auch, ob wir innerlich wirklich bereit sind zu einem Neuanfang, zum Weitergehen. Viel hängt von unserem Selbstvertrauen ab, Neues lernen zu können, sich in vorerst Ungewohntem zurechtfinden zu können. „Wer die Grenzen zu sehen wagt, sieht meistens auch die Möglichkeiten", sagt *Margrit Erni* in ihrem Buch „Grenzen erfahren". Wer den Abschied akzeptieren kann, sieht meistens auch die Chance des Neubeginns. Oder eben die Chancen, die einem noch geblieben sind.

Ein Beispiel eines Abschiedsprozesses

Was könnte es heissen, bewusst mit dem Abschied umzugehen, zum Beispiel beim Wegzug von einem Ort?

Das Erste: Ein Bewusstwerdungsprozess

Es geht zuerst einmal darum, sich bewusst zu machen, was man alles aufgeben muss, was man verliert und welchen Wert es besass. Aber auch, warum dieser Abschied sein muss. Dieser Ort bedeute Geborgenheit und Heimatgefühl. Die wohltuende Umgebung, kurze Wege, lieb gewordene Menschen wurden hoch geschätzt. (Oft wird uns der wirkliche Wert dessen, was wir verlieren, was wir aufgeben wollen oder müssen, erst beim Abschied richtig bewusst.) Eine neue, verlockende Aufgabe verlangt einen Ortswechsel. Der Wegzug erfolgt ungern, aber aus guten Gründen. In der Vorausschau kommen verschiedene Herausforderungen ins Blickfeld. Der neue Ort bietet auch abgesehen von der neuen Tätigkeit viel Erfreuliches. Aber nicht alle Familienangehörigen profitieren in gleicher Weise vom Umzug und sind mit der gleichen Überzeugung dabei.

Das Zweite: Sich aktiv verabschieden

Das könnte heissen: In den letzten Tagen und Wochen vor dem Wegzug sich bewusst zu machen, was man an Erfahrungen und Beziehungen zurücklässt, sich aufmerksamer als üblich im Ort zu bewegen. Vielleicht gibt es einen Abschiedsapéro mit Freunden. Am Schluss des Wegzuges oder bald danach sich nochmals ruhig in der Wohnung umsehen, Erinnerungs-»Filme« ablaufen lassen und die zugehörigen Gefühle zulassen. Und nach dem Umzug nochmals zurück an den letzten Wohnort gehen, gewohnte Wege abschreiten, Freunde besuchen, ein geschätztes Lokal aufsuchen, falls man mit der Kirche verbunden war, an einem Gottesdienst teilnehmen, usw. Verstandesmässig ist dieser gewollten Umzug gut zu verkraften. Die Gefühle brauchen länger. Es kann eine ganze Weile dauern, bis am neuen Ort ein Heimatgefühl aufkommt. Das ist kein Widerspruch. Manchen Müttern ist das ja wohlbekannt: Sie können den Auszug eines erwachsenen Kindes sehr wohl akzeptieren, sind vielleicht sogar froh, dass es so weit ist. Und sie wundern sich doch, dass es ihnen gefühlsmässig so schwer fällt, das Kind ziehen zu lassen.

Das Dritte: Bewusst weitergehen

Das heisst: Mit offenen Augen und mit offenem Herzen am neuen Ort ankommen. Sich Zeit nehmen, um sich mit den Wohnräumen, mit der Umgebung, mit dem Ort vertraut zu machen. Sich um neue Kontakte bemühen. Man wird am neuen Ort auch Dinge vermissen. Es ist gut, dies ernst zu nehmen und gleichzeitig auf das zu achten, was da ebenso gut oder gar vorteilhafter ist wie am alten Ort.

Dieses Beispiel handelt von einer undramatischen Abschiedssituation und ist wohl nicht schwer nachvollziehbar. Wenn man diese Überlegungen auf dramatische Situationen übertragen will, ist den schwierigen Aspekten die nötige Aufmerksamkeit zu schenken.

Jedenfalls lohnt es sich, Abschiedskultur zu pflegen. Das trägt viel dazu bei, dass wir bei Lebensübergängen unsere Lebenschancen ausschöpfen können.

Anregungen zur Selbstreflexion

- Welche Abschieds-Verhaltensmuster habe ich in meiner Herkunftsfamilie erlebt?
- Wie verhalte ich mich heute in Abschiedssituationen? Sind mir Abschiedsszenen peinlich oder erlebe ich sie bewusst, weil sie mir gut tun?
- Gibt es Erfahrungen und Dinge, von denen ich mich noch nicht wirklich verabschieden konnte?
- Gibt es Handlungsbedarf bei meinem Abschiedsverhalten?
- In welchen Situationen will ich in Zukunft Abschiede bewusster leben und gestalten?

12. Lernen wir im Heute zu leben. Bewahren wir die guten Erfahrungen in unserem Herzen als seelischen Proviant für schwere Zeiten. So gewinnen wir den sichersten Reichtum, die Zufriedenheit.

Vorausschau ja, aber

„Denken Sie an morgen!“ „Planen Sie Ihre Zukunft!“ „Planen Sie die Zeit nach der Pensionierung!“ Ständig werden wir aufgefordert zu planen, vorauszuschauen, an morgen zu denken, uns abzusichern. Und die Gedanken dieses Buches, stossen sie nicht ins gleiche Horn?

Ohne Vorausschau kommen wir im Leben nicht gut zurecht. Gerade im Blick aufs Alter lohnt es sich, ein paar Dinge rechtzeitig zu planen und zu regeln. Damit kann man sich und seinem Umfeld das Leben leichter machen.

Meine Impulse regen durchaus auch zum Vorausschauen an. Aber noch mehr möchten sie zu einer Besinnung auf das Jetzt animieren. Und das in zweierlei Hinsicht. Sie laden zu einer Standortbestimmung ein als „Rundumblick“ in der aktuellen Lebenssituation. Dabei werfen wir einen Blick zurück auf den Weg, der uns an den heutigen Ort geführt hat. Das hilft zu verstehen, warum wir gerade da und nicht an einem andern Ort angekommen sind. Wenn die aktuelle Situation unbefriedigend ist, sollten wir sie besonders detailliert betrachten. Wenn man auf einer Wanderung den Weg aus den Augen verloren, sich im Nebel verirrt hat, tut man gut daran, sich zuerst in Ruhe umzuschauen und sich Zeit zu lassen, bis die Sicht klarer wird. Bevor man wieder losläuft, ist es sinnvoll, sich zuerst so gut wie möglich zu orientieren, wo man feststeckt.

Eine Standortbestimmung ist auch darauf angelegt, in die Zukunft zu schauen. Zur Standortbestimmung gehört, wie schon erwähnt, vor allem auch die Überprüfung der eigenen Wertmassstäbe, nach denen das bisherige Leben ausgerichtet war. Und sie soll eine Entscheidungshilfe dafür sein, worauf man sich in Zukunft ausrichten will.

Genaues hinsehen, wo ich jetzt stehe, kann auch zufrieden und dankbar machen, wenn ich feststellen kann, dass es gut ist, da zu sein wo ich bin. Und wer schwierige Lebenszeiten durchgestanden hat, kann im Rückblick manchmal überrascht feststellen, was er alles geleistet hat. Das kann die Zuversicht stärken, dass es auch in Zukunft gut sein kann. Bei allem Wissen, dass manches nicht in der eigenen Hand und Macht liegt, bleibt ein gutes Gefühl zurück, wenn man sagen kann: Ich habe mein Möglichstes zum guten Gelingen beigetragen.

Wenn ihr nicht werdet wie die Kinder, oder: Die andere Lebenstüchtigkeit

Entdecken wir den Tag und den Augenblick als den Teil unseres Lebens, auf den es wirklich ankommt. Sich auf das Leben im Heute zu konzentrieren, fällt uns Erwachsenen schwer. Kleine Kinder haben damit kein Problem. Für sie ist das Morgen noch kein Problem, höchstens in der Form, dass sie den anderen Tag kaum erwarten können. Ein kleines Kind lebt noch ganz im Augenblick.

Dieser Teil der Lebenstüchtigkeit kommt uns schon in jungen Jahren abhanden. Schon früh müssen wir lernen, vor allem an morgen zu denken, unser Lernen auf morgen auszurichten. Das ist ja gut und recht. Aber dieses ständige Daran-Denken, was morgen, was nächste Woche, was in den nächsten Jahren sein wird und sein sollte, kann dazu führen, dass wir vergessen, im Jetzt zu leben. Wir werden dazu verführt, vor allem das zu sehen, was noch nicht ist, und schätzen zu wenig das, was ist. Wir werden in einem gewissen Alter aufgefordert, die Zeit nach der Pensionierung zu planen. Dagegen ist nichts einzuwenden. Es ist nur zu wenig. Wir sollten auch eingeladen werden, unsere Lebenshaltung, unseren Blickwinkel zu prüfen und, je nachdem, zu ändern. Wir sollten auch aufgefordert werden zu lernen, Leerräume als Freiräume wahrzunehmen, um ebenso im Sein wie im Tun zu leben.

Leben im Jetzt

Was verhilft uns zu dieser Grundhaltung, die auch in schwierigen Zeiten trägt? Vieles, was dazu verhilft, ist in den vorangegangenen Kapiteln schon behandelt. Im Jetzt leben bedeutet zudem, das Leben auf sich zukommen lassen zu können. Im Jetzt leben hat grosse Ähnlichkeit mit folgender Szene: Ein Schüler fragte den Meister: ‚Kann ich irgend etwas tun, um erleuchtet zu werden?‘ – ‚Genauso wenig, wie du dazu beitragen kannst, dass die Sonne morgens aufgeht.' – ‚Was nützen dann die geistlichen Übungen, die Ihr vorschreibt?‘ – ‚Um sicherzugehen, dass du nicht schläfst, wenn die Sonne aufgeht‘. (Nach Anthony de Mello)

Was morgen auf uns zukommen kann, ist unbekanntes Gelände. Wir können es nicht voraus auskundschaften. Jemand, der unerforschtes Land erkunden will, kann zwar andernorts üben. Aber wenn die Expedition wirklich beginnt, ist jeder Schritt ein Schritt ins Unbekannte. Das ist so, unabhängig davon, ob wir freiwillig oder unfreiwillig in neue, unbekannte Situationen geraten. In einem gewissen Masse können wir uns voraus vertraut machen mit möglichen Veränderungen, die für uns irgendwann anstehen. Vor allem können wir eine Grundhaltung von innerer Bereitschaft pflegen, grundsätzlich für »Neuland« offen zu sein.

Das Nichtwissen, was morgen ist, ist gleichzeitig die Herausforderung, im Heute zu leben. Sich nicht mit unnötigen Sorgen zu quälen, ist kein neues Thema. Der biblische Rat ist schon zweitausend Jahre alt: „Wer von euch vermag durch Sorgen seiner Lebenszeit auch nur eine Elle hinzuzufügen? Sorgt euch also nicht um den morgigen Tag, denn der morgige Tag wird für sich selber sorgen. Jeder Tag hat genug an seiner eigenen Last.“ (Mt 6, 27 und 34) Ob der morgige Tag für sicher selber sorgen wird, ist eine Frage für sich. Aber es leuchtet ein, dass ich das Problem, das sich mir vielleicht morgen stellt, nicht heute lösen kann. Vielleicht gibt es dieses Problem morgen gar nicht.

Zufriedenheit ist der grösste und sicherste Reichtum

Jede Blume, die uns erfreut, jedes gute Wort, das unser Herz erwärmt, jeder Sonnenstrahl, der unser Inneres erhellen kann, jede kleine Freude, die wir auf- und annehmen und bewahren, ist ein Proviant für schwierige Stunden und Tage. Wenn wir unfähig sind, im Heute zu leben, besteht die Gefahr, dass wir das, was uns das Leben leichter und lebenswert macht, was uns erfreut und stärkt, selbst dann, wenn der Lebensraum kleiner geworden ist, verpassen.

Wer ernsthaft einübt, im Heute zu leben, der kann getrost älter werden. Das heisst nicht, dass ihm alles leicht fallen wird. Aber aus meinen vielen Beobachtungen und Begleitungen weiss ich: Die Grundhaltung, die sich ein Mensch im Laufe seines Lebens aneignet und pflegt, bleibt auch im hohen Alter erhalten. Das wirkt dann ähnlich wie ein unsinkbares Boot, das im Sturm zwar immer wieder von Wind und Wellen unter Wasser gedrückt wird, aber, sobald das Wasser ruhiger wird, wieder an der Oberfläche schwimmt.

Zufrieden alt zu werden und alt zu sein, hängt nicht davon ab, ob wir es besonders leicht hatten im bisherigen Leben. Zufriedene Menschen sind vor allem jene, die ihre Lebensmöglichkeiten, auch im Alter, ausgeschöpft und die gelernt haben, abschiedlich zu leben, unabhängig davon, wie viel oder wie wenig Wohlstand ihnen zugefallen ist. »Zufriedenheit«, sagt ein Sprichwort, »ist häufiger in den Hütten als in den Palästen zu Hause.« Und Benjamin Franklin meinte: »Zufriedenheit wandelt in Gold, was immer sie berührt.« Ist das nicht ein erstrebenswertes Lebensziel?

Anregungen zur Selbstreflexion

- »Leben im Jetzt«, kann ich damit etwas anfangen?
- Bin ich manchmal unzufrieden mit mir, weil ich keine Zeit habe, in Ruhe über mich und mein Leben nachzudenken?
- Kann ich sagen: Ich bestimme, wann und wie viel ich mich mit den (möglichen) Sorgen von morgen beschäftige? Oder drücken sie häufig auf meine Stimmung, weil sie zu viel Aufmerksamkeit und Zeit in Anspruch nehmen?
- Gibt es Orte, Situationen, die eine Oase im hektischen Alltag sein könnten? Was braucht es, dass ich sie nütze, was steht eventuell im Weg?
- Was könnte ich unternehmen, um eine (grössere) innere Gelassenheit und Zufriedenheit zu gewinnen?

Ich habe eingesehen,

daß sich die Bedeutung des Jetzt erst erleben läßt,

wenn die Intensität des Augenblicks so stark ist,

daß sie die Forderungen des Morgen übertönt.

Denn das Leben ereignet sich

nicht im Gestern oder Morgen,

sondern jetzt!

Annie Nollen-von der Heide,
in »Hast du deinen Sommer gut gelebt...?«,
DuMont Verlag 1996

Printed by Books on Demand GmbH, Norderstedt / Germany